KB206168

2천 년 전의
이스라엘

| 예수님 당시엔 어떻게 살았을까? |

2천 년 전의 이스라엘

초판 1쇄 발행일 | 2011 년 9월 30일

지은이 | 김종철
펴낸이 | 김학룡
펴낸곳 | 엔크리스토
마케팅 | 김민회, 이동석
관리부 | 임월규, 이진규, 박지현, 김호성, 최주희

출판등록 | 2004년 12월 8일
주   소 | 경기도 고양시 일산동구 장항동 585-2
전   화 | (031) 906-9191
팩   스 | (031) 906-9195
이메일 | 9191@korea.com
공급처 | 기독교출판유통

2천 년 전의 이스라엘

예수님 당시엔 어떻게 살았을까?

기독교 다큐멘터리 영화 〈회복〉 〈용서〉 감독

김종철 지음

엔크리스토
ENCHRISTO

머리말

내가 처음 이스라엘을 여행했던 것은 1994년의 여름이었다.

나는 초등학교 5학년 때부터 교회를 다니기 시작했는데 그때부터 교회에서 예배를 드릴 때마다 목사님이 들려주시는 성경말씀을 들으면서 또 집으로 돌아와 성경책을 읽으면서 예수님께서 태어나신 이스라엘의 베들레헴은 과연 어떤 곳이며, 또 예수님께서 자라셨다는 나사렛은 또 어떤 곳인지, 예수님께서 제자들과 함께 거닐었을 갈릴리 호수는 또 어떤 곳인지 너무나 가보고 싶었다. 아마도 예수님을 사랑하고 또 성경책을 즐겨 읽었던 나의 어린 시절에는 이렇게 늘 이스라엘이 가고 싶은 나라 동경의 대상이 되었었는가 보다. 그런데 이스라엘을 가고 싶은 마음이 더욱 구체적으로 들게 했던 시절이 있었다. 바로 중고등학교 시절이었는데, 그 당시에 나는 교회서 부활절이나 크리스마스 그리고 추수감사절만 되면 각종 행사를 준비하곤 했었는데 역시 가장 큰 행사는 성극이었다.

다윗이 골리앗과 맞서 싸우는 사건이나 솔로몬의 지혜로운 재판 이야기 그리고 예수님이 제자들과 함께 갈릴리 호수를 거닐면서 오병이어의 기적을 일으켰던 사건들을 교회의 작은 무대에 올리곤 했었다.

그런데 성경책을 읽던 이야기, 그리고 목사님으로부터 들었던 성경의 이야기들을 무대에 올리는 일은 결코 쉬운 일이 아니었다. 그저 말로 이야기하거나 글로 쓰는 것보다도 연극으로 무대에서 직접 보여 주는 일은 훨씬 더 구체적이어야 했기 때문이다. 예를 들어서 예수님이 제자들과 함께 저녁 식사를 하는 장면을 무대에서 연출하여 보여 주려면 참으로 여러 가지 문제들이 해결되어야 한다. 우선 예수님이 제자들과 함께 식사를 하셨던 식탁은 과연 어떤 모습일까? 의자에 앉아 식사를 하는 테이블식 식탁일까? 아니면 그냥 방바닥에 앉아서 식사를 하는 밥상이었을까? 그리고 그 식탁위에 올려져 있는 식기는 과연 어떤 종류의 것이었을까? 놋그릇이었을까? 아니면 사기 그릇이었을까? 그것도 아니면 대나무로 엮어 만든 소쿠리였을까?

그것뿐만이 아니다. 그릇 속에는 과연 어떤 반찬들이 들어가 있어야 하는 것일까? 예수님과 제자들은 하얀 쌀밥을 드셨을까? 아니면 잡곡밥을 드셨을까? 그것도 아니면 스파게티나 스테이크를 드셨을까? 빵이나 샌드위치를 드셨을까? 무대에서 연극을 하고 그 상황에 맞는 각종 소품과 의상을 준비하는 일은 이렇게 여러 가지의 문제점들을 해결해야만 가능한 일이었다. 그때부터 나는 아직 어린 나이이기는 하지만 올바르고 제대로 된 무대 연출을 위해서 이것저것 책을 들여다보며 또 자료화면을 보며 준비하고 공부하기 시작했다. 물론 그런 질문과 호기심에 정확한 대답을 해 줄 수 있을 만한 자료가 그 당시 우리나라엔 많지가 않았다. 아마도 제일 좋은 방법은 예수님의 고향 이스라엘로 직접 찾아가 보는 것이었을 것이다. 우리나라에도 민속촌이라는 것이 있는데 이스라엘도 역시 민속촌이 있지 않을까? 이스라엘의 민속촌이라는 곳에 가 보면 내가 그동안 궁금해 했고 우리나라의 그 어느 곳에서도 명쾌한 해답을 찾지 못했던 것들이 모두 기다리고 있지 않을까? 뿐만 아니라 이스라엘의 여러 민속 박물관을 찾아가 본다면 그런 궁금증들이 해결되지 않을까? 그때부터 나의 꿈은 이스라엘을 꼭 한번 찾아가 보는 것이었다. 그리고는 1994년, 드디어 나는 처음으로 이스라엘을 방문하게 되었다. 그리고 지금까지 약 서른 다섯 번이 넘도록 이스라엘을 찾아가며 그동안 내가 궁금해 했던 부분들의 해답을 찾기 위해 참 많은 노력을 해 왔다.

예수님 당시에는 과연 집의 구조는 어떠했는지, 그 당시에도 빈부의 격차는 있었는지 있었다면 어느 정도였으며 그런 것들이 집의 규모에는 어떤 영향을 미쳤는지, 예루살렘과 같은 큰 도시의 가정집과 갈릴리와 같은 호숫가에 살고 있던 사람들의 집은 어떠했는지, 뿐만 아니라 그들이 입고 있는 옷과 먹거리, 그리고 여인들이 사용했던 악세사리는 어떤 것들이었는지 동네는 어떻게 형성되었고 상점에는 무엇을 팔고 있었으며 아프면 어디로 환자들 데리고 갔었는지, 예수님 당시의 민간요법은 어떠했는지를 알기 위해 발품을 팔며 이스라엘 땅을 수없이 찾아다녔다.

그리고 그렇게 직접 보고 메모하고 촬영한 사진을 바탕으로 극동방송에서 "김종철의 재미있는 이스라엘 이야기"라는 프로그램을 통해 소개를 하며 매주 2천 년 전의 이스라엘 유대땅을 청취자들과 함께 여행했었다.

이 책은 그 방송 프로그램에서 소개한 내용을 재구성한 것이다. 이제부터 이 책과 함께 예수님이 사역하시던 2천 년 전의 이스라엘 땅으로 여행을 떠나보자. 예수님의 음성과 숨결이 더 가깝게 들려오고 느껴지게 될 것이다.

목차

예수님의 속옷
염색은 돈 많이 버는 사업
화려함의 극치 허리띠
예수님의 머리싸개
지금과 다를 것 없는 신발
이마 위의 작은 상자

01

그들은 무엇을 입었을까?

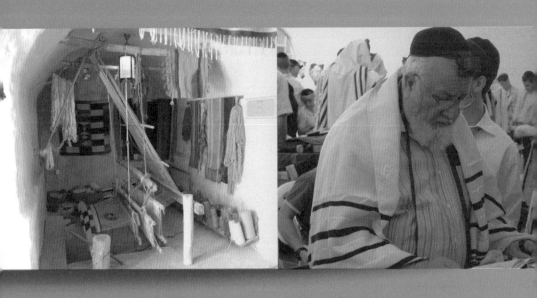

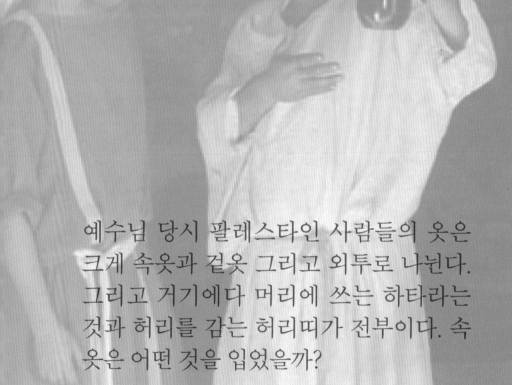

예수님 당시 팔레스타인 사람들의 옷은
크게 속옷과 겉옷 그리고 외투로 나뉜다.
그리고 거기에다 머리에 쓰는 하타라는
것과 허리를 감는 허리띠가 전부이다. 속
옷은 어떤 것을 입었을까?

01.
예수님의 속옷

오늘날 현대인이 돈을 소비하는 데 있어 가장 많은 비중을 차지하는 것이 바로 옷을 구입하는 것이라고 할 수 있겠다. 옷이 갖고 있는 기본적인 목적은 신체와 피부를 몸을 외부의 환경으로부터 보호하고자 하는 것도 있지만 어떤 옷을 입느냐에 따라서 그 사람의 이미지와 사회적인 신분 그리고 얼마나 상대방에게 예의를 갖추고 있는지가 판단된다.

예수님 당시의 사람들이 입었던 옷도 역시 마찬가지였다. 연일 이어지는 뜨거운 날씨 그리고 밤만 되면 뼛속 깊숙히 파고드는 추위에 옷은 태양빛을 가려주고 바람을 잘 통하게 하는가 하면 밤이 되면 체온을 지켜 주는 중요한 역할을 해야 했다. 뿐만 아니라 어떤 옷을 입었는지에 따라서 그 사람의 사회적 신분과 경제적 능력이 드러나기도 했다.

우리가 영화나 사진 또는 그림에서 보듯이 팔레스타인 사람들의 의상은 특별한 디자인이 있다거나 제조 방식이 복잡해 보이지 않음에도 불구하고 나름대로 그 옷을 만드는데 들어갔던 소재와 색상에 따라서 가격이 천차만별이었다.

오늘날이야 염색 기술이 워낙 잘 발달되어 총천연색의 옷감이 많이 있지만 그 당시에는 옷감에 염색하는 기술이 발달하지 않아 색상이 들어간 옷감과 실의 가격이 엄청나게 비싼 가격에 거래되었다. 비싼 옷을 입은 사람은 그만큼 대접을 받았다는 뜻인데 심지어는 비싼 옷을 입었다는 이유 하나만으로도 대출업자한테 쉽게 돈을 빌릴 수도 있었다고 한다.

오죽하면 세례요한도 누가복음 3:11에서 "옷 두 벌 있는 자는 옷 없는 자에게 나눠 줄 것이요"라고 했을까? 우리가 상상하지도 못할 만큼 값비싼 옷을 입는 사람이 있었는가 하면 옷이 없어서 그야말로 헐벗은 사람도 있었다는 얘기이다.

돈이 있는 사람들은 외국에서 수입해 온 값비싼 천으로 만든 옷을 입었지만 그럴만한 능력이 안 되는 사람들은 양의 가죽 같은 동물의 가죽으로 대충 옷을 만들어 입는 사람도 있었고 세례 요한 역시 낙타의 가죽으로 만든 옷을 입고 있었다.

옷이 더러워졌다고 해서 또 땀을 많이 흘려서 옷에서 냄새가 난다고 해서 쉽게 세탁을 할 수도 없었다. 워낙 물이 귀했기 때문에 잦은 세탁은 엄두도 내지 못할 일이었다.

그러나 예수님 당시의 바리세인들은 율법에 적힌 대로 규정에 맞게 옷을 입었다. 특히 성전에서 제사를 드릴 때 머리에 뒤집어쓰는 탈릿Talit이라는 쇼올이나 허리춤에 차는 지지트Zizit라는 것은 의상이라기보다는 하나의 의식용 소품이었다고 할 수가 있다.

예수님 당시 팔레스타인 사람들의 옷은 크게 속옷과 겉옷 그리고 외투로 나뉜다. 그리고 거기에다 머리에 쓰는 핫다라는 것과 허리를 감는 허리띠가 전부이다 속옷은 어떤 것을 입었을까? 성경에서는 옷에 대해서 이야기 할 때 속옷인지 겉옷인지 구체적인 언급을 하지 않았기 때문에 사실과 추측을 적당히 섞어야만 설명이 가능해진다.

그러나 놀랍게도 예수님 당시의 사람들 중에는 속옷까지 차려입을 만한 능력이 안 되는 사람들은 속옷을 잘 입지 않았다. 한 마디로 말해서 노팬티가 많았다는 것이다.

더운 날씨에 땀이 많이 나고 자연히 습해지기 쉬운 곳이기 때문에 일반적인 사람들은 아예 팬티같은 것은 생각하지도 않았다. 그러나 예수님이 십자가에 매달릴 당시에 옷을 모두 벗긴 상태에서 매달린 모습을 그린 그림을 보면 분명히 예수님은 속옷을 입고 계셨다.

예수님은 비수스bvssus라는 천으로 만든 속옷을 입으셨던 것으로 추정된다. 비수스란 이집트산 노란색 아마포에서 짜낸 것인데 아마포는 영어

예수님 당시의 남자들의 옷

로 린넨linen이라고도 한다. 아마는 한 해살이 풀로서 높이가 약 60~120cm로 자라고 뿌리는 땅속에 깊게 박혀 있으며 줄기는 가늘고 연약해서 곧게 자라지만 줄기에서 가지가 많이 나온다. 잎사귀는 넓은 줄모양이고 길이는 2~3.5cm 정도 크기인데 이 아마의 줄기를 뿌리와 잎사귀 부분을 잘라내서 뜨거운 물에 푹 삶은 다음 넓은 돌멩이 위에 올려놓고 돌멩이로 두들겨서 넓게 펴고 그것을 가로 세로로 엇갈리게 연결해서 햇볕에 말리면 천을 만들 수 있는 기본 재료가 된다.

아마포는 열전도율이 높고 바람이 잘 통해서 더운 팔레스타인 지방에서 사는 사람들이 입기에는 아주 적당하다. 그러나 아마포는 생각보다 훨씬 부드럽지 못하고 또 쉽게 구겨지는 성질을 갖고 있다. 그래서 고운 피부를 감싸는 속옷으로는 제 역할을 감당하기가 힘들다. 속옷을 만드는 아마포는 다른 아마포에 비해서 훨씬 더 오랜 시간 돌멩이로 두들기기 때문에 부드러울 수가 있는데 중요한 것은 속옷은 이음새가 없어야 했다. 마치 우리나라에서 옛날에 어린 아기들의 기저귀를 생각하면 된다. 그 긴 옷을 아래에 적당한 양을 감아서 입는 것이 바로 속옷이었다.

그런데 이런 식의 착용방법이 여간 불편한 게 아니다. 처음에 집에서 속옷을 입을 때야 옷을 모두 벗은 상태에서 아랫도리를 감싸면 상관이 없지만 일단 밖으로 외출한 상태에서 화장실을 한번 갔다 오게 되면 겉옷을 입은 상태에서 속옷을 다시 입는 게 쉬운 일이 아니기 때문이다. 그래서 일반인의 경우는 아예 속옷을 잘 입지 않고 다니기도 했었던 것이다.

겉옷의 모양은 복잡하지 않고 단순하다. 그냥 커다란 천을 반으로 접어서 다리가 나오는 아랫 부분을 뺀 양옆을 바느질로 꿰맨 다음 목이 나오는 윗 부분과 양팔이 나오는 양옆에 구멍을 내서 그걸 뒤집어쓰면 끝이다. 모양은 이렇게 단순하지만 겉옷 위에 입는 외투는 얘기가 달라진다.

외투는 속옷 위에 입는 겉옷과는 약간 모양이 다르다. 겉옷은 그냥 박스 형태이지만 겉옷 위에 입는 외투는 앞이 트여진 형태이다. 그런데 이 외투에는 드디어 갖가지 색상이 들어간 천으로 만들어지게 된다. 팔레스타인 사람들은 대조적인 색 다시 말해서 검정과 흰색, 보라색과 노랑색을 좋아하는데 이 색상을 세로 줄 무늬로 만드는 것이다.

염색업자들은 자기 집 앞마당에 나무로
된 커다란 물통을 넣어놓고 작업을 했는
데 그것은 그 동네 사람들이나 꼬마들한
테는 아주 재밌는 볼거리이기도 했었다.

02.
염색은 돈 많이 버는 사업

그렇다면 베이지색의 아마포 천이나 하얀색의 양털에 어떻게 여러 가지 색을 입혔던 것일까? 예수님 당시의 염색업자들은 돈을 많이 버는 사업이었다. 염색은 나무뿌리나 약초들에서 뽑아낸 물질로 했는데 특히 석류나무의 껍질은 파란색을 만들어 내는 데 많이 사용되었다. 그리고 참나무에서 사는 곤충에게서 진홍색을 뽑아냈다.

그 당시 사람들은 빨간색을 좋아했었는데 특히 로마병사들 중에서도 계급이 높은 병사들은 등 뒤에 늘어뜨렸던 커다란 망토의 색깔이 빨간색이다. 이 빨간색은 주로 두로Tyre의 해안에서 잡은 소라로 만들어 냈다. 소라의 내장 중에서 흰색의 분비물을 내는 부분만을 도려내서 그릇에 모으는데 이것이 공기와 만나면서 산화되어 노란색으로 변하게 된다. 이렇게 노란색으로 변한 것에 다시 소금을 뿌리고 사흘 정도 지난 후에 납이나 주석으로 만든 가마솥에 물과 함께 끓인다.

이때 원료와 물의 비율은 1대 1 정도인데 일정한 온도로 9일간 다시 끓이면 비로소 자주색의 물감이 완성이 되는 것이다. 제조 과정도 이렇게 복잡하고 시간이 오래 걸리기도 하지만 그 작은 소라에서 하얀색의 분비물을 추출해 내는 것도 쉬운 일은 아니다. 약 1만 2천개의 소라에서 하얀색 분비물을 추출해야 겨우 1.4g의 아주 적은 양이 된다. 그래서 두로산 붉은색 염료는 1kg에 2천 2백 데나리온denarius 우리나라 돈으로 약 6천 6백만 원이나 되는 아주 값비싼 염료로 쳐 준다. 다른 지역에서 나오는 붉은색 염료보다 두로산 붉은색 염료를 훨씬 고품질로 쳐 주는데 그것은 두로산 소라가 선명하고 검붉은 색의 염료를 만들어내기 때문이다.

이렇게 만들어진 붉은색 염료는 하얀색의 양털을 담가서 색깔을 확인하는데 이렇게 염색된 붉은 천은 로마병사의 상급자의 권위를 나타내는 것이고 또 그 붉은 망토를 걸친 로마 병사에 대한 위압감을 줄 수가 있는 것이다. 그런데 그렇게 값비싼 붉은색 망토를 채찍질을 당해서 온 몸에 피가 줄줄 흐르는 예수님의 몸에 씌었다는 것은 로마병사 상급자가 이정도 따위의 붉은색 망토는 쉽게 피 흘리는 사람의 몸에 걸쳐 줄 수 있다는 일종의 자신감과 거만함이 베어있는 것이라고도 볼 수 있다.

어쨌든 이렇게 그 당시 염색업자들은 다른 직종의 사람들보다 훨씬 많은 돈을 버는 고소득 사업자였다. 염색업자들은 자기 집 앞마당에 나무로 된 커다란 물통을 넣어놓고 작업을 했는데 그것은 그 동네 사람들이나 꼬마들한테는 아주 재밌는 볼거리이기도 했었다. 이렇게 염색이 된 천과 실로 만들어진 외투는 어떤 색상의 실로 세로무늬를 만들어졌느냐에 따라서 그 사람의 신분과 품격이 결정되는 것이다. 어떤 다자이너가 만들었는지 그리고 어떤 브랜드의 회사가 만든 옷이냐가 중요한 것이 아니라 어떤 색으로 된 외투를 입었느냐가 중요했다는 얘기다.

돈이 많은 사람들이야 여러 벌을 갖고 있었겠지만 그 당시 대부분의 사람

옷감을 만들고 있는 유대인 여자

들은 외투의 경우 한 벌만 갖고 있는 것이 일반적이었다.

야고보서 5:1~2에 보면 "들으라 부한 자들아 너희에게 임할 고생으로 말미암아 울고 통곡하라 너희 재물은 썩었고 너희 옷은 좀먹었으며 너희 금과 은은 녹이 슬었으니 이 녹이 너희에게 증거가 되며 불같이 너희 살을 먹으리라 너희가 말세에 재물을 쌓았도다"라고 적혀 있다. 옷이 좀을 먹을 정도로 집에 보관하고 있다면 일반인들로서는 감히 엄두를 못낼 정도의 재산을 갖고 있는 사람도 있었다는 얘기다

디모데후서 4:13을 보면 "네가 올 때에 내가 드로아 가보의 집에 둔 겉옷을 가지고 오고 또 책은 특별히 가죽 종이에 쓴 것을 가져 오라"고 했다. 예전에 천막 장사를 하면서 나름대로 사업을 잘 이끌어가며 돈도 많이 벌었던

예수님 당시의 여자들의 옷

바울이 입었던 겉옷 역시 절대로 값싼 것이 아니었다. 그래서 바울은 디모데에게 그 먼 곳에 벗어 놓았던 겉옷을 가져다 달라고 부탁을 했던 것이다.

그 당시 부유했던 사람들이나 바리새인들은 외투의 밑단에는 실로 꼬아서 만든 매듭 장식을 매달아서 화려하게 꾸미기도 했었다. 너무 화려하게 장식을 해서 다른 사람들의 눈총을 받기도 했었으며 이것에 대해서는 예수님도 지적을 하신 바 있다.

마태복음 23:5을 보면 "그들의 모든 행위를 사람에게 보이고자 하나니 곧 그 경문 띠를 넓게 하며 옷술을 길게 하고"라고 적혀 있다. 뿐만 아니라 누가복음 20:45~46에 보면 "모든 백성이 들을 때에 예수께서 그 제자들에게 이르시되 긴 옷을 입고 다니는 것을 원하며 시장에서 문안 받는 것과 회당의 높은 자리와 잔치의 윗자리를 좋아하는 서기관들을 삼가라"라고 말씀하셨다.

화려하고 옷감이 많이 들어간 긴 옷을 입은 사람들은 그 만큼 자신의 재산과 능력을 과시하려는 것이었다는 얘기다. 옷은 그 사람의 신분과 지위를 나타내는 것이었고 그것을 자랑하는 데 주저하지 않았다.

그러나 그다지 비싸지 않은 천으로 만든 외투는 밤이 되면 들판에서 잠을 잘 때나 천막 안에서 잠 잘 때 바닥에 깔고 자는 카페트의 역할도 감당해 냈다. 그래서 마태복음 21:8을 보면 예수님께서 예루살렘으로 입성하실 때의 장면이 나오는데 "무리의 대다수는 그들의 겉옷을 길에 펴고 다른 이들은 나뭇가지를 베어 길에 펴고"라고 적혀 있다.

03.
화려함의 극치 허리띠

워낙에 밖으로 드러나는 모습에 대해서 신경을 많이 쓰고 다녔던 바리새인들의 옷은 일반 사람들의 옷보다 화려했다. 우선 외투의 길이가 밑으로 많이 내려왔는데 이것은 그만큼 노동을 하거나 뭔가 작업을 하는데는 적합하지가 않았다. 이 얘기는 다시 말해서 바리새인들은 다른 사람들처럼 노동을 하지 않고 그저 기도만 하고 품격있는 일만 하겠다는 의미일 수도있다. 대체적으로 일반 사람들의 옷 길이는 무릎보다 조금 더 내려 온 정도였다. 때로는 그것보다 더 긴 옷을 입고 다니는 사람도 있었지만 일을 하게 될 때는 긴 외투가 걸리적거릴 수밖에 없게 되었다. 그래서 허리에 동여 메는 것이 바로 허리띠였다. 이 허리띠는 쉽게 묶었다가 풀었다가 할 수가 있는 것인데 더운 낮에는 허리띠를 풀어서 치마 밑으로 올라오는 공기를 가슴까지 통할 수 있게 했다. 하지만 공기가 찬 밤에는 허리띠를 묶어줘야만 아랫부분과 윗부분의 공기흐름을 차단해서 체온을 유지하는 수단으로 사용할 수 있었다. 뿐만 아

니라 밭에서 일을 하거나 주저앉아서 뭔가 작업을 해야 할 때는 치마를 위로 치켜올려서 끝단이 무릎까지 오게 한 뒤에 다시 허리띠를 동여 메기도 했었 다. 특히 팔레스타인 지방에서 허리띠는 1세기 경에 많이 유행하기 시작했는 데 일반적으로 허리띠는 외투의 소재와 똑같은 것으로 하는 경우가 많았다. 그러니까 외투의 색깔이 검정색이면 허리띠도 검정색으로 하는데 가족 중에 누군가가 죽음을 당해서 장사를 치러야 할 때에는 베로 된 허리띠를 착용함 으로써 상중임을 나타내기도 했었다.

그런데 겉으로 드러나는 것에 신경을 많이 썼던 바리새인이나 제사장의 허리띠는 비단으로 만들거나 금실을 넣어서 화려하게 장식이 된 허리띠를 하는 경우가 많았다. 허리띠는 통풍을 시키고 또 차단시키는 역할 이외에 작 업을 할 때 옷을 걷어 올리고 고정시키는 역할도 감당했지만 또 많은 사람 들이 허리띠에 단검이나 장검 또는 잉크병을 꽂아서 다니는 경우도 많았다.

그런가 하면 어떤 사람들은 그 허리띠에 돈을 넣고 다니기도 했다. 그래서 단순한 허리띠에서 동전을 넣어 갖고 다닐 수 있는 기능을 포함한 허리띠가 나온 것이다. 일종의 작은 규모의 전대라고 보면 된다. 그래서 예수님도 마태복음 10:9에서 제자들에게 전도를 나갈 때에 전대에 금이나 은이나 동을 가지지 말고 가라고 하셨던 것이다.

2천 년 전의 이스라엘

04.
예수님의 머리싸개

현재 이스라엘에 살고 있는 팔레스타인 사람들의 모습을 살펴보면 머리에 하얀색의 천을 두르고 다닌다는 사실을 쉽게 발견할 수 있다. 한때 팔레스타인 자치 정부의 수반이었던 아세르 아라파트는 하얀 바탕에 검은색 바둑 줄 무늬 모양의 천을 머리에 두르고 다니는 것이 일종의 상징이었다. 이렇게 팔레스타인 남자들이 머리에 하고 다니는 것을 바로 카피아kaffiyeh 또는 핫다라고 부른다.

그리고 여자들이 머리에 두르고 다니는 것에는 그 모양과 지역에 따라서 히잡Hijap이라고 하기도 하고 차도르chaddor라고 하기도 하고 또 부르카Burqa라고도 한다. 그러나 여자들이 머리에 쓰는 히잡과 차도르, 부르카는 이슬람 종교의 율법 때문에 하는 것이지만 남자들이 머리에 쓰는 핫다는 종교적 의미가 있다기 보다는 뜨거운 지역에서 생활하기에 꼭 필요한 것이라고 볼 수가 있다.

머리싸개를 하고 있는 유대인

　뜨거운 태양빛이 내리쬐는 팔레스타인 지방에서 머리를 가려야 하는 것은 어쩔 수 없는 일이다. 그래서 머리에는 반드시 뭔가를 써야 하는데 그것이 바로 카피아이다. 그런가 하면 광야에서 갑자기 돌풍이 불어 모래 바람이 일어날 때에도 그 카피아의 깃으로 코와 입을 막으면 효과적이다. 더군다나 핫다는 머리만 가리는 것이 아니라 목덜미까지 가리기 때문에 더위를 이겨내는 데는 아주 필수적인 것이다.

　아마 모르긴 몰라도 예수님 당시의 대부분의 남자들은 이런 머리싸개를 하고 있었을 것이라고 추정이 되는데 아마도 예수님도 이 머리싸개를 하고 다니지 않으셨을까 싶다. 그러나 예수님의 이야기를 다룬 영화나 그림에서는 예수님이 머리에 카피아를 쓰지 않고 그냥 생머리를 하고 다니는 것으로 묘사되어 있는데 이것은 어디까지나 영화이고 그림이기 때문에 그렇게 상상해 그렸을 것이다.

　실제로 예수님이 뜨거운 태양이 내리쬐고 몸 하나 가릴만한 그늘이 없는 유대광야에서 카피아를 쓰지 않고 40일 주야를 계셨다는 것은 도저히 말이 되지 않는다. 더군다나 수시로 모래를 동반한 돌풍이 몰아치고 밤이 되면 기온이 내려가는 유대광야에서 카피아 없이 버틴다는 것은 도저히 불가능한 일이다.

그러니까 아마도 예수님도 이 카피아를 머리에 쓰고 계셨을 것이 분명하다. 그러나 앞서 설명했던 것처럼 아라파트가 머리에 카피아를 쓰고 언론에 자주 등장한 것으로 인해 카피아는 급진적인 팔레스타인 사람들의 상징처럼 되어 버렸다. 그러다 보니 이스라엘에 살고 있는 유대인들은 이 카피아를 별로 좋아하지 않는 것 같다. 이스라엘로 여행을 갔다가 기념품으로 산 카피아를 가방속에 넣어 두었다가 이스라엘 공항에서 보안 요원한테 도대체 이걸 왜 샀으며 어디서 샀는지를 꼬치꼬치 캐묻는 바람에 고생을 했다는 사람들의 이야기를 많이 들었다. 물론 그런 것을 구입했다고 해서 큰 문제가 될 것은 없지만 그래도 민감하게 반응하는 것이 바로 이스라엘 사람들이다.

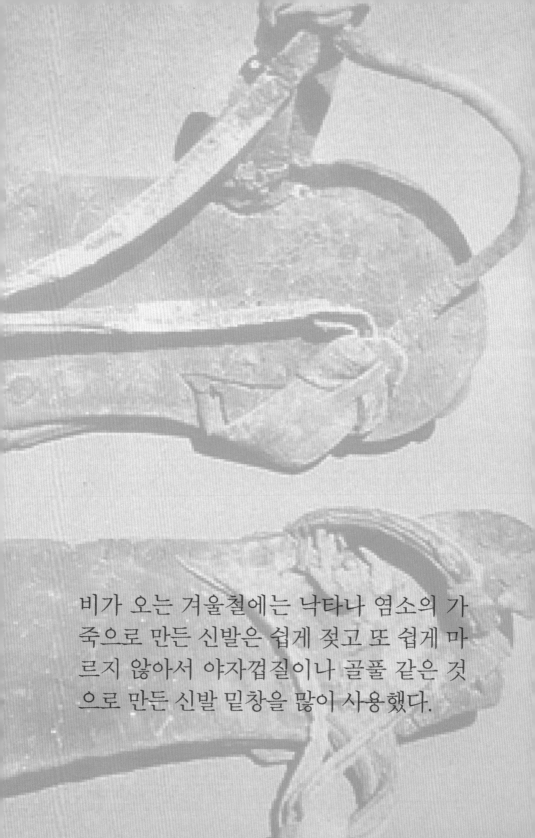

비가 오는 겨울철에는 낙타나 염소의 가죽으로 만든 신발은 쉽게 젖고 또 쉽게 마르지 않아서 야자껍질이나 골풀 같은 것으로 만든 신발 밑창을 많이 사용했다.

05.
지금과 다를 것 없는 신발

팔레스타인 사람들은 무엇을 신고 다녔을까?

놀라운 사실은 예수님 당시의 사람들이 신고 다녔던 신발이나 모세가 백성들을 이끌고 이집트에서 탈출할 때 당시에 신었던 신발이나 지금 우리가 신고 다니는 신발의 모양이 크게 다르지 않다는 것이다. 모세가 이스라엘 백성들을 이끌고 젖과 꿀이 흐르는 가나안 땅으로 왔던 길을 탐사하다 보면 그 당시 수십만의 이스라엘 백성들이 임시로 천막을 치고 잠을 잤던 흔적들을 발견하게 된다.

물론 이런 흔적들은 이집트의 시나이 반도나 이스라엘 땅에서 발견할 수 있는 것들은 아니고 요르단이나 사우디아라비아 쪽에서 발견되는 것이다. 그런데 이스라엘 백성들이 임시로 머물던 그 흔적들 속에서 놀라운 것을 발견하게 되는데 그것은 바로 누군가의 발바닥 모양을 바위에 새겨 놓은 것이며 그때 당시의 사람들이 신었을 신발의 모양까지도 비교적 자세하게 새겨 놓왔다. 그 신발의 모양이 바로 우리가 흔히 부르는 쪼리와 같은 형태라는 것이다. 발바닥 모양의 바닥에다 앞부분에 엄지발가락과 검지발가락 사이에 끈을 걸어서 발바닥의 양쪽 볼로 연결되는 형태이다. 그런가 하면 또 어떤 신발의 모양은 바닥의 양옆에 부착 되어 있어서 발목에 감아서 묶는 형태로 되어 있는 그림도 있었다.

정말 오늘날의 신발이나 그 당시의 신발이 크게 다른 점이 없다는 것이다. 그리고 이스라엘의 남부 네게브 사막에 있는 마사다라는 유적지에 가보면 그곳에서도 2천 년 전에 신던 신발이 발굴되었다. 그런데 그 신발은 바위나 벽에 그림으로 그려진 것이 아니라 바로 실물이 2천 년의 세월을 지나면서도 조금도 변함없이 그대로 발굴된 것이다. 바로 이때 발굴된 신발의 형태가 쪼리와 같은 형태의 샌들이라는 것이다.

그리고 또 많이 사용했던 신발이 바로 가죽 끈으로 발목을 잡아 메는 형태의 샌들이었다. 그래서 세례요한이 요한복음 1:27에 예수님에 대해서 말을 하기를 "나는 그의 신발끈을 풀기도 감당하지 못하겠노라"라고 했던 것이다. 손님의 신발 끈을 풀어 주고 신발을 옮겨서 가지런히 정리하는 것은 그 집안의 종이나 미천한 사람들이 하는 일이었다. 그런데 세례요한은 그런 자격도 없다고 예수님에 비해서 스스로를 낮춘 것이다.

창세기 18:4에 보면 하나님이 아브라함에게 나타나셨을 때 아브라함이 한 행동에 대해서 기록이 되어 있는데 "물을 조금 가져오게 하사 당신들의 발을 씻으시고 나무 아래에서 쉬소서" 라고 적혀 있다.

팔레스타인 지역에서 손님의 발을 씻겨 준다는 것은 더러운 발을 씻어 줌으로써 상대방에 대한 예의와 존경의 표시를 하는 것과 같은 것이었다. 그래서 바리새인의 집에서 한 여인이 예수님의 발을 씻겨 드리기도 했었고 예수님 역시 제자들의 발을 직접 씻겨 드리기도 했었다. 덥고 모래와 자갈이 많은 지역에선 땀이 많이 차는 부츠 형태의 신발보다는 모래가 쉽게 빠져 나갈

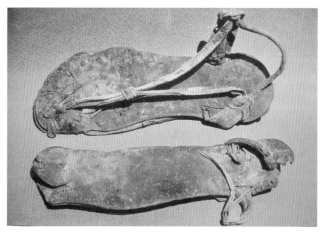

마사다에서 발견된 유대인의 신발

수 있는 샌들 형태의 신발이 효과적이다.

특히 비가 오는 겨울철에는 낙타나 염소의 가죽으로 만든 신발은 쉽게 젖고 또 쉽게 마르지 않아서 야자껍질이나 골풀 같은 것으로 만든 신발 밑창을 많이 사용했다.

그런데 재미있는 것은 안식일에는 신발 끈을 묶는 것도 일이라 생각해서 신발을 아예 신고 다니지 않았다는 것이다.

성경에 보면 신발은 큰 역할을 했다는 것을 알 수 있다. 성전의 지성소에 들어갈 때나 거룩한 곳에서는 신발을 벗어야만 했다. 세상의 온갖 때를 묻힌 신발을 신고 거룩한 곳에 들어갈 수 없다는 것이다.

출애굽기 3:5에 보면 "하나님이 이르시되 이리로 가까이 오지 말라 네가 선 곳은 거룩한 땅이니 네 발에서 신을 벗으라"라고 기록되었고 또 사도행전 7:33에 보면 "주께서 이르시되 네 발의 신을 벗으라 네가 서 있는 곳은 거룩한 땅이니라" 라고 기록이 되어 있다. 뿐만 아니라 여호수아 5:15에 여호수아가 여리고에서 여호와의 군대 장관을 만났을 때 자신의 신발을 벗었다고 기록이 되어 있다. 룻의 남편의 친척은 그녀와 결혼을 거부하면서 자신의 신발을 벗었는데 이것은 그 당시에 계약을 확증하는 일종의 풍습이기도 했었다.

그리고 예수님도 마태복음 10:10에 70명의 제자들을 보내실 때 당부하신 말씀이 나온다. "여행을 위하여 배낭이나 두 벌 옷이나 신이나 지팡이를 가지지 말라 이는 일꾼이 자기의 먹을 것 받는 것이 마땅함이라"라고 하셨다. 이것은 소지품이 많을 경우 빨리 움직이는 것에 방해가 되기 때문이었다.

그러나 모든 사람들이 신발을 신고 다닌 것은 아니었다. 가난한 사람들이나 집에서 일하는 종들의 경우는 대부분 신발을 신지 않고 맨발로 다니기도 했었는데 그래서 맨발로 다니는 사람들은 다른 표시가 없어도 노예로 생각하는 경우가 많았었다.

이사야는 하나님의 임박한 심판을 생생히 표현하기 위한 상징적 행동의 하나로 맨발로 걷기도 했었다. 이런 모습은 이사야 20:2 이후로 기록이 되어있다.

06.
이마 위의 작은 상자

신명기 6:4~9까지의 말씀을 살펴보자. "이스라엘아 들으라 우리 하나님 여호와는 오직 유일한 여호와이시니 너는 마음을 다하고 뜻을 다하고 힘을 다하여 네 하나님 여호와를 사랑하라 오늘 내가 네게 명하는 이 말씀을 너는 마음에 새기고 네 자녀에게 부지런히 가르치며 집에 앉았을 때에든지 길을 갈 때에든지 누워 있을 때에든지 일어날 때에든지 이 말씀을 강론할 것이며 너는 또 그것을 네 손목에 매어 기호를 삼으며 네 미간에 붙여 표로 삼고 또 네 집 문설주와 바깥문에 기록할지니라"

신명기는 모세가 쓴 책으로 이스라엘의 유대인들은 모세 오경 중에 하나인 신명기의 말씀을 거의 외우다시피 하고 있다. 그런데 신명기 말씀 중에 하나님의 말씀을 네 손목에 매어 기호로 삼으라고 하고 또 미간에 붙여 표로 삼으라고 하는 말씀은 거역할 수 없는 아주 중요한 율법이 아닐 수 없다.

그래서 예수님 당시의 바리새인들은 이런 말씀에 따라서 말씀이 적힌 작은 가죽 상자를 이마에 붙이기도 하고 또 손목에 감고 다니기도 했는데 이 작은 상자가 바로 테필린Tefillin이라고 하는 것이다.

이 테필린 속에는 구약의 율법에서 뽑은 네 단락의 성경구절이 들어있다. 출애굽기 13:1~10까지의 말씀, 그리고 출애굽기 13:11~16까지의 말씀, 신명기 6:4~9까지의 말씀과 역시 신명기 11:13~21까지의 말씀을 네 조각의 양피지에 적어서 넣는다. 4가지 성구의 글자 수는 히브리어로 모두 3,188자인데 이것을 작은 양피지에 다 쓰려면 보통 10-15시간이 걸리게 된다.

그러다 보면 양피지의 상태가 손상이 될 수도 있기 때문에 성구를 쓰는 동안 계속해서 양피지의 상태를 살펴봐야 한다. 양피지에 성경구절을 쓸 때에도 반드시 잉크를 사용해야 하는데 이 잉크도 아무 잉크나 사용하면 안 되고 코셔라는 유대인의 정결법에 의해서 제조된 잉크여야 한다. 성경구절을 양피지에 쓰다가 여호와 하나님이라는 단어가 나오면 그 글자를 쓰기 전에 매번 "나는 그 이름이 거룩히 여김을 받도록 하기 위해 이 글자를 씁니다"라고 말을 해야 하고 만약에 너무 긴장을 해서 여호와 하나님이라는 글자를 쓰다가 잉크를 떨어뜨리거나 글씨를 잘 못쓸 경우엔 그 양피지를 모두 불에 태우고 새롭게 시작해야 한다.

그런 다음에 가죽 상자에 넣는데 가죽 상자의 크기는 크지가 않다. 마치 보석 집에서 반지를 살 때 담아주는 작은 플라스틱 케이스만하다고 할까? 가로세로는 모두 똑같은 정사각형의 상자인데 이때 사용되는 가죽은 아무 가죽이나 사용하면 안 되고 하나님께서 먹어도 좋다고 하셨던 동물 중에 하나인 암소 가죽이어야 한다. 특히 황소의 가죽을 더 선호한다고 한다.

그 상자의 뚜껑을 열면 그 안에는 칸막이가 쳐져 있어서 네 개의 구역으로 나뉘어져 있다. 그 네 개의 구역에 각각 하나의 성경말씀이 적힌 양피지를 돌돌 말아서 네 개의 성경구절을 순서대로 왼쪽에서부터 오른쪽으로 담는 것이다. 그리고 이 가죽 상자에는 길다란 가죽 끈이 달려 있어서 이마나 팔에 감아서 매달 수 있게 되어 있다.

물론 이 테필린도 가격이 비싼 것은 진짜 가죽으로 되어 있지만 요즘의 유대인들이 사용하는 테필린은 검은색의 인조가죽으로 되어 있는 것들도 많이 있다. 테필린은 이마에 붙이는 것과 손목에 감는 것으로 두 가지로 나뉘는데 손목에 감는 것은 테필린 상자를 손가락에 끼울 수 있도록 작은 고리가 부착이 되어 있고 팔에 감는 것은 '손을 위하여' for the hand라는 뜻으로 히브리어로는 셸 야드shel yad라고 부르고 이마에 매는 것은 '머리를 위하여' for the head라는 뜻의 히브리어로 셸 로쉬shel rosh라고 부른다.

이마에 테필린을 매단 유대인

가죽 상자의 크기는 두 가지 다 똑같다. 먼저 손목에 감아 매는 테필린은 왼손잡이는 왼손에 그리고 오른손잡이는 오른손의 가운데 손가락인 중지에 마치 반지를 끼듯이 고리를 끼운다. 그런 다음에 길게 늘여 뜨려진 가죽 끈을 손목에 영어 알파벳 Y자 형태로 잡아당겨서 매듭을 한번 만든 다음에 한 가닥의 끈을 팔뚝에 일정한 간격으로 일곱 바퀴를 감는다. 그리고 또 하나의 가죽끈은 중지 손가락에 세 바퀴를 감게 된다. 중지 손가락을 세 바퀴 감고 남은 끈은 손바닥에서 일정한 모양을 만드는데 그 모양은 히브리어의 발음중에 쉰sh 이라는 발음이 나오는 문자의 형태로 만든다. 이 쉰이라고 하는 글자의 모양은 영어 알파벳 U에서 가운데에 작대기를 하나 더 그은 듯한 모양인데 좀 더 쉽게 설명하자면 포크에서 손잡이 부분을 뺀 모양이라고 생각하면 된다.

테필린을 감을 때에도 이들은 성경구절을 암송한다. 먼저 테필린을 감기전에는 '우리에게 테필린을 붙이라고 명하신 분'이라는 축복의 말을 외우고 손가락 중지에 테필린을 감으면서는 호세아 2:19~20의 말씀인 "내게 네게 장가들어 영원히 살되 공의와 정의와 은총과 긍휼히 여김으로 네게 장가 들며 진실함으로 네게 장가 들리니 네가 여호와를 알리라" 라는 구절을 계속해서 암송을 한다. 이런 작업을 하게 되면 왼손의 중지 손가락에는 테필린 상자가 하나 덩그러니 얹게 되는 것이다. 이마에 붙이는 테필린은 우선 가죽 상자를 이마의 정 가운데에 붙이고 두 갈래로 나온 가죽끈을 머리 뒤로 해서 묶는다. 맨들 맨들한 이마에 반지를 담은 케이스와 같은 크기의 검은색 가죽 상자가 생뚱맞은 모습으로 이마에 붙어 있는 것을 옆에서 보면 마치 영어의 알파벳 중에 대문자 D를 연상하게 된다. 손목에 감는 테필린에서 영어 Y자 형태로 감고 또 손바닥에 남아있는 가죽끈을 히브리어 쉰의 모양과 비슷하다고 설명을 하고 또 이마에 붙어있는 테필린 상자의 모습이 영어 알파벳 대문자 D라고 설명하는 데는 나름대로 이유가 있다.

지금까지 설명한 영어 알파벳을 하나로 모으면 쉰이라는 히브리어 발음과 이마에 붙어 있는 영어 알파벳D 그리고 손가락에 낀 테필린의 가죽꾼의 매듭Y자를 모두 합치게 되면 SHDY 히브리어로 샤다이Shaddai가 된다. 샤다이라는 말은 바로 하나님의 이름이다.

이렇게 예수님 당시의 바리새인들은 일 년 열두 달 내내 손가락과 이마에 이런 식의 검은색 가죽 상자를 매달고 다녔다. 그러나 안식일Shabbat 과 유태인의 절기에는 테필린을 착용하지 않았다.

유태인의 절기로는 페이삭Pesach:유월절, 샤부오트Shavout, 로쉬 하샤나Rosh Hashanah:신년, 욤 키푸르Yom Kippur:참회일, 수코트Sukkoth:초막절를 말하는데 이때에 테필린을 착용하지 않는 이유는 이들 절기는 그 자체로서 기호이며 표이기 때문이라는 것이다. 그러나 바리새인이 아닌 일반인들은 13살 이상의 남자들에 한해서 기도할 때는 반드시 부착을 하고 다녔다

생각을 해 보자. 손목엔 손가락의 크기에 비해서 부담스러울 정도의 크기인 가죽 상자를 매달고 있고 또 이마에도 검은색 가죽 상자가 붙어 있다는 것은 누가 봐도 한눈에 특이한 모습이 아닐 수 없다. 다시 말해서 사람들의 이목을 끌기에 충분하다는 것이다. 유대인들에게 테필린은 하나님의 말씀이 들어있는 거룩한 성물로 여기기 때문에 테필린을 감은 사람은 항상 말과 행실을 조심해야 한다. 테필린을 한 상태에서 세상 돌아가는 이야기를 하거나 남의 이야기를 해서도 안 되고 또 뛰어 다니거나 장난을 쳐서도 안 된다.

만약에 테필린을 한 상태에서 화장실을 가야 할 일이 생기게 되면 반드시 손목과 이마에 매달았던 테필린을 풀고 가야 하고 테필린을 바닥에 떨어뜨려서도 안 되는데 그럼에도 불구하고 만약에 테필린을 바닥에 떨어뜨린 사람이 있다면 그 사람은 하루 종일 금식을 하거나 아니면 다른 사람들에게 좋은 일을 해야 하는 자선을 베풀어야 하는 벌칙이 주어진다.

그러니까 한마디로 말해서 테필린을 소중하게 다루고 또 테필린을 몸에 부

착한 이상 오로지 하나님만을 바라보고 말씀만 생각해야 한다는 얘기이다. 이마에 매단 테필린은 어쩔 수 없지만 손가락에 매단 테필린은 탈릿tallith이라고 하는 유대인들이 머리에 뒤집어쓰는 쇼올로 남이 보지 못하도록 가려야 한다.

그것은 출애굽기 13:9의 말씀 중에 "이것으로 네 손의 기호와 네 미간의 표를 삼고 여호와의 율법이 네 입에 있게 하라"라는 말씀에 따른 것인데 여기서 너에게 라는 구절이 테필린을 감은 당사자 이외의 다른 사람이 보아서는 안 된다는 뜻으로 해석을 하기 때문이다.

2천 년 전 바리새인들이 이렇게 손목과 이마에 매달고 다녔던 테필린을 오랜 세월이 지난 지금도 이스라엘의 유대인들은 조금도 변함없이 그대로 따라 하고 있다. 예루살렘의 통곡의 벽에 가면 남자 구역으로 들어가는 입구 바로 왼쪽엔 통곡의 벽으로 기도하러 오는 남자 유대인을 위한 테필린 보급소가 자리 잡고 있다. 이곳에 가면 13살 이상의 남자 유대인 청소년에서부터 그리고 옆구리에 총을 찬 군인들 사업을 하다가 방금 뛰쳐온 듯한 양복차림의 신사

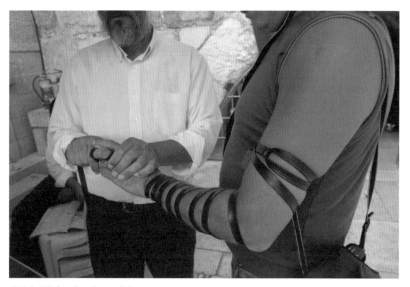

팔뚝에 테필린을 감고있는 유대인

들 그리고 검은색 모자와 검은색 코트를 입은 정통 유대인에 이르기까지 수많은 사람들이 손목과 이마에 테필린을 감고 있는 모습을 쉽게 볼 수가 있다.

그뿐만 아니라 예루살렘의 벤 야후다와 같은 번잡한 도시의 거리에서도 인도 한복판에 가판대를 세워 놓고 지나가는 유대인을 향해 테필린을 착용하라며 안내하는 사람들을 볼 수 있다. 그러면 길 가던 유대인 남자들이 부지런히 테필린을 감고 그 자리에 서서 성경말씀을 한참 동안이나 읽고 돌아간다.

하나님의 말씀을 이렇게 늘 이마와 손목에 매어 심장 가까이 두게 하고 또 그 말씀을 상기하며 살아가려는 유대인의 지극정성인 신앙심은 분명히 우리가 본받을 점이 있다. 물론 그러한 행위가 그저 형식적이고 외식하는 것 뿐이지 정작 중요한 것은 그 사람의 생활 속에서 얼마나 하나님을 경외하는 삶이냐가 더 중요하다고 생각하시는 분들도 있을 것이다.

하지만 이러한 형식을 통해서라도 하나님의 말씀이 우리의 생활 속에서 녹아들고 그 말씀대로 살아가려는 마음이 떠나지 않을 수 있다면 그것 또한 나쁘지는 않다고 생각한다. 분명히 알아야 할 것은 그러한 형식과 의식은 중요하게 생각하면서 정작 그들의 삶이 하나님을 향하지 않는다면 그것은 더 큰 문제이다. 제일 좋은 것은 그러한 형식을 통하지 않고서라도 하나님의 말씀을 늘 가까이 하고 그 말씀 대로 살아가려는 자세를 갖는 것이 더 바람직하지 않을까? 우리가 알아야 할 것은 2천 년 전 당시 바리새인들은 테필린을 손목과 이마에 붙이고 다님으로써 자신들의 거룩함과 선함을 과시하려는 일종의 겉치레의 표본이었던 것이다.

예수님은 이런 행위를 두고 마태복음 23:27에서 아주 강하게 질타를 하셨다. "화 있을진저 외식하는 서기관들과 바리새인들이여 회칠한 무덤같으니 겉으로는 아름답게 보이나 그 안에는 죽은 사람들의 뼈와 모든 더러운 것이 가득하도다"

02

그들은 무엇을 먹었을까?

07.
부의 상징, 꿀 항아리

유대인의 음식 중에서 맛이 좋은 것 중에 하나로 꼽히는 꿀은 여러모로 아주 유용하게 사용되었다. 꿀도 역시 약용으로 사용되었고 음식의 맛을 내는 데도 아주 많이 사용되었는데 케이크나 파이에 꿀을 묻혀 먹기도 했었다.

출애굽기 16:31에 보면 광야에서 생활하는 이스라엘 백성들에게 하나님께서 내려주신 만나라는 음식에 대한 설명이 나오는데 그 구절에 "이스라엘 족속이 그 이름을 만나라 하였으며 깟씨같이 희고 맛은 꿀 섞은 과자 같았더라"라고 적혀 있다.

여기서 깟씨라는 것은 작고 둥글며 회색빛을 내고 벌꿀 같은 향을 내는 식물을 말하는 것이다. 그만큼 구약시대의 유대인들도 꿀을 많이 먹어서 꿀이 달콤하고 맛있다는 것을 이미 알고 있었다는 것을 증명하는 대목이다.

그리고 성경에는 나오지 않지만 예수님이 십자가에 돌아가신 후 부활하셔서 제자들에게 나타나셨을 때에도 물고기와 함께 꿀을 드셨다는 기록이 구전으로 전해져 온다. 지금도 꿀은 결코 흔하게 구입할 수 없는 비싼 제품이듯이 예수님 당시에도 꿀은 가난한 집에선 도저히 항아리에 담아놓고 먹을 만큼 값싼 것이 아니었다.

집에 꿀 항아리가 있다는 것은 그만큼 부의 상징이기도 하다. 예루살렘에서 발굴된 부유한 집의 항아리에선 2천 년 전 담았던 벌꿀의 입자가 채집되어 그 항아리의 용도가 꿀단지였다는 것을 알게 된 것이다. 꿀단지가 작은 용기가 아니라 높이가 약 60센티미터가 넘는 커다란 항아리였다는 것은 그 당시 부유한 집의 경제적 능력을 입증해 주는 아주 중요한 단서이기도 했다.

팔레스타인 사람들 중에는 담석증 환자가 다른 지역에 비해서 많이 발생하게 되는데 이렇게 몸속에 쌓인 담석을 녹여 주는 데는 역시 포도주가 특효라고 한다.

08.
담석을 녹여주는 특효약,
포도주

    그 집의 지하창고에서 발굴된 항아리에는 꿀과 올리브오일 뿐만 아니라 포도주를 담았던 항아리도 함께 발굴되었다. 포도주는 예수님 당시는 물론 그 전 구약시대에서 팔레스타인 지방의 사람들이라면 누구나 손쉽게 만들어 먹었던 그 당시의 음료라고 할 수가 있다.

    이스라엘의 헤브론을 비롯해서 갈릴리 북부 지역에 가면 유난히 많은 포도농장을 볼 수가 있는데 팔레스타인 지방의 사람들은 포도 농사를 2천 년 전이나 지금에도 역시 많이 하고 있다는 것을 알 수가 있는 것이다.

    팔레스타인 지방은 워낙에 강수량이 적은 데다가 식수마저 귀했다. 더군다나 어쩌다가 발견되는 지하수 역시 많은 양의 석회성분을 함유하고 있었다. 그래서 지금도 이스라엘의 가정집에 있는 수도꼭지의 물을 받아서 하루 정도만 그릇에 담아놓으면 바닥에 하얀색의 석회가루가 많이 가라앉는 것을 볼 수가 있다. 그러니 이런 물을 늘상 마시는 팔레스타인 사람들의 몸속에는 담석이 많이 생기게 된다.

그래서 팔레스타인 사람들 중에는 담석증 환자가 다른 지역에 비해서 많이 발생하게 되는데 이렇게 몸속에 쌓인 담석을 녹여 주는데는 역시 포도주가 특효라고 한다.

안 그래도 물이 부족한 지역인데다가 몸속에 담석이 많이 생기는 질환을 앓게 되는 팔레스타인 사람들에게는 포도주가 식수를 대신하기도 하고 몸을 건강하게 해 주는데 빠질 수 없는 아주 중요한 음료가 되기도 한다.

이스라엘 사람들은 포도주야 말로 하나님이 주신 귀한 선물이라고 생각했다. 일본의 만화가가 포도주를 소재로 해서 그린 만화의 제목도 그래서 신의 물방울이라고 했는지도 모르겠다. 어쨌든 물이 귀한 팔레스타인 지역에서 포도주는 정말 가뭄의 단비와 같은 귀한 음료임은 틀림없으며 팔레스타인에서 포도주를 빼놓고는 음식 문화에 대해서 이야기할 수 없을 만큼 필수품이었다.

팔레스타인 지방에서 포도주를 만드는 방법은 아주 간단하다. 일단 포도 농장에서 재배한 포도를 뜨거운 햇볕에 건조를 한다. 그래야만 단맛이 더하기 때문이다. 그런 다음 포도를 틀속에 넣고 발로 밟아 으깨서 즙을 낸다.

이사야 63:2~3에 보면 "어찌하여 네 의복이 붉으며 네 옷이 포도즙 틀을 밟는 자 같으냐 만민 가운데 나와 함께 한 자가 없이 내가 홀로 포도즙 틀을 밟았는데 내가 노함으로 말미암아 짓밟았으므로 그들의 선혈이 내 옷에 튀어 내 의복이 더 더럽혔음이니..."라고 적혀 있다. 이것은 그 당시 사람들이 포도즙을 낼 때 틀에 올라가서 발로 밟았다는 것을 잘 표현해주고 있는 것이다.

이런 작업을 할 때 어떤 사람들은 흥겹게 노래를 부르기도 했다. 예레미야 25:30에 보면 "그러므로 너는 그들에게 이 모든 말로 예언하여 이르기를 여호와께서 높은 데서 포효하시고 그의 거룩한 처소에서 소리를 내시며 그의 초장을 향하여 크게 부르시며 세상 모든 주민에 대하여 포도 밟는 자 같이 흥겹게 노래하시리라..."이라는 구절이 적혀 있다.

예루살렘의 올드시티로 들어가는 다마스커스 게이트 건너편에 정원 무덤이라는 곳이 있다. 이곳은 예루살렘 올드시티 안에 예수님이 십자가에 매달려 돌아가시고 묻히신 골고다 언덕에 세워진 예수님의 거룩한 무덤이 있지만 그곳 말고도 최근에 들어서 새롭게 발굴된 또 다른 예수님의 무덤이 바로 정원 무덤이라는 곳이다.

　　물론 예루살렘 올드시티 안에 있는 성분묘교회는 AD 313년에 로마에서 성지로 찾아온 콘스탄틴Constantine 대제의 어머니 헬레나Helena에 의해서 발굴되어 세워진 교회이기 때문에 그 역사성이나 성지로서의 진실성은 천 7백여 년이 지난 지금까지도 그대로 인정되어 예수님의 무덤으로 여겨지는 곳이다.

　　그러나 지금으로부터 약 백여 년 전에 영국의 장군이었던 고든Gordon에 의해서 이곳 정원무덤이 새롭게 발굴되어 이곳이야 말로 진짜 예수님의 무덤이었을 것이라고 주장하게 되었는데 영국의 고든 장군이 이곳을 진짜 예수님의 무덤이라고 주장하는 이유가 바로 이곳에서 포도즙을 짜는 곳이 함께

예루살렘의 정원무덤에서 발견된 포도주 짜는 장치

발굴되었기 때문이다.

예수님께서 십자가에 매달려 돌아가신 골고다 언덕에는 포도주를 만드는 곳이 함께 있다고 성경에 적혀 있었기 때문이다. 그래서 현재도 이곳 정원 무덤에 가면 언제 만들어진 것인지 그 연대는 정확히 알 수는 없지만 분명히 포도즙을 짜는 틀이 지금도 그대로 발굴되어 전시되어 있는 것을 볼 수가 있다.

이곳에서의 포도즙을 짜는 틀은 나무가 아니라 돌로 되어 있다. 마치 축대처럼 쌓아올린 작은 돌들이 질서 정연하게 벽을 이루고 있는데 이곳에 많은 양의 포도를 넣고 사람이 올라가서 발로 밟게 되면 그 축대의 아랫부분에 있는 작은 구멍을 통해 포도즙이 흘러나오게 되는 구조로 되어 있다.

마치 우리나라의 맷돌 구멍처럼 생긴 작은 구멍으로 포도즙이 짜여 흘러나오기 때문에 그 구멍의 아랫부분에 항아리를 갖다 놓기만 하면 포도즙이 담겨지게 되는 것이다. 이런 구조의 포도즙 틀이 지금까지 잘 보존되어 있다는 것만으로도 아주 신기하게 보인다.

그러나 이런 포도즙을 만드는 틀은 예루살렘의 정원 무덤에서만 발견되는 것은 아니다. 이스라엘의 남부 네게브 사막에는 팀나 파크Timna Park라는 곳이 있는데 이곳은 솔로몬 시대 이전에 애굽 사람들이 이곳까지 찾아와서 구리를 채굴한 광산이 있었던 곳으로 지금도 이곳에 가면 그 당시 애굽 사람들이 굴을 파고 들어가던 여러 가지 도구들이 발굴되어 전시되어 있기도 하고 또 굴도 아주 잘 보존되어 있는 것을 볼 수가 있다.

그런데 이곳에 가면 그 당시 구리를 채굴하여 재련하던 곳도 함께 발굴되어 있지만 바로 그 옆에는 포도즙을 짜던 틀도 함께 발굴되어 있는 것을 볼 수가 있다. 도대체 이 사막 한가운데서 어떻게 포도를 재배했었는지는 잘 모르겠지만 어쨌든 포도즙을 짜던 틀이 발견된 것은 정말 신기한 일이 아닐 수 없다.

어쨌든 이곳에서 항아리에 담기게 된 포도즙은 그대로 뚜껑을 닫아서 서늘한 그늘에 약 6주 이상 발효를 시키게 된다. 이때 담겨지는 그릇은 토기로 된 항아리 뿐만 아니라 염소가죽으로 만든 주머니에 담아 놓기도 했다. 요한복음 2장에 보면 예수님께서 가나의 혼인 잔치 장면을 자세하게 설명하고 있는데 그때 포도주가 담겨져 있는 용기를 돌 항아리라고 표현했다

그리고 마태복음 9:17에 보면 "새 포도주를 낡은 가죽 부대에 넣지 아니하나니 그렇게 하면 부대가 터져 포도주도 쏟아지고 부대도 버리게 됨이라 새 포도주는 새 부대에 넣어야 둘이 다 보전 되느니라" 라고 적혀 있다.

염소의 가죽을 실로 꿰매서 물이 새지 않게 하는 일은 결코 쉬운 일이 아니다. 하지만 예수님 당시에는 염소의 가죽을 이용해서 부대를 만들어 포도주를 담기도 했었는데 돌 항아리가 집에 두고 마시는 포도주를 담는 용도였다면 염소 가죽으로 만든 부대는 이동할 때 포도주를 담아서 갈증이 날 때 마시기도 했었던 것이다.

포도주는 갈증이 날 때 마시는 용도 외에도 팔레스타인 사람들에게는 참으로 다양한 용도로 많이 사용되었는데 특히 약용으로도 사용되기도 했었다.

특별한 원인은 잘 모르지만 왠지 몸이 아프고 두통이 올 때는 습관처럼 포도주를 마셨고 음식을 잘못 먹어서 배탈이 나거나 소화가 잘 안 되서 속이 더부룩할 때에도 포도주를 마셨다. 정신을 잠시 잃거나 정신이 혼미해 지면 포도주를 마셔서 정신을 바짝 차리기도 했었고 반대로 몹시 흥분을 하게 되거나 마음을 진정 시키지 못하게 될 때에도 포도주를 마셨다.

그래서 누군가 가족 중에 사망을 하게 되어 몹시 슬퍼하며 통곡을 할 때에도 주변 사람들이 포도주를 열 잔 이상씩 마시게 했다. 포도주에 그 사람을 진정시키는 효과가 있다고 생각했던 것이다.

이런 방법은 사도 바울도 주저 하지 않고 권면하기도 했었는데 디모데전서 5:21~23까지 보면 "하나님과 그리스도 예수와 택하심을 받은 천사들 앞에서 내가 엄히 명하노니 너는 편견이 없이 이것들을 지켜 아무 일도 불공평하게 하지 말며 아무에게나 경솔히 안수하지 말고 다른 사람의 죄에 간섭하지 말

고 네 자신을 지켜 정결케 하라 이제부터는 물만 마시지 말고 네 위장과 자주 나는 병을 위하여는 포도주를 조금씩 쓰라..."라고 적혀 있다. 물론 예수님 또한 포도주를 음료로 사용하시는 것을 주저하지 않으셨다.

마태복음 26:29에 보면 "그러나 너희에게 이르노니 내가 포도나무에서 난 것을 이제부터 내 아버지의 나라에서 새것으로 너희와 함께 마시는 날까지 마시지 아니하리라 하시니라" 라고 적혀 있다. 그리고 앞서 설명한 것처럼 예수님은 가나의 혼인잔치에서 바닥이 난 포도주 항아리에 다시 새로운 포도주를 기적으로 만들어 내시기도 했다.

이렇게 예수님도 포도주와는 많은 인연을 맺으셨지만 그럼에도 불구하고 그 당시 어떤 사람들은 포도주를 마시는 것을 좋게 보지는 않았다. 성경에는 지나치게 포도주를 많이 마시는 사람들에 대해서 훈계를 하기도 했었다.

"술 취하지 말라 이는 방탕한 것이니 오직 성령의 충만함을 받으라"(엡5:18)

09.
워낙 귀한 물

물이 부족한 팔레스타인 지방에서 충분한 물을 확보하는 것은 언제나 문제였다. 그래서 누가 물을 많이 확보하고 저장하느냐가 그 집의 경제적 능력을 확인시켜 주는 또 하나의 척도였다고 말 할 수가 있다. 이렇게 물을 저장하는 이유는 일단 이스라엘 땅에서 비가 내리는 시기와 양이 일정하지 않다는 것이다.

여름철에는 당연히 비 한 방울 내리지 않는 것은 물론이고 비가 내리는 겨울철이 된다 하더라도 어떤 해에는 비가 한 방울도 내리지 않아 가뭄이 생기는 경우도 많이 있다. 그래서 금년 겨울에 과연 비가 올지 안 올지 이것을 미리 예측할 수만 있다면 좋지만 그것이 가능하지 않았기 때문에 물을 미리 비축해 두는 것이다.

일단 겨울철에 비가 내리면 걷잡을 수 없을 만큼 폭우로 쏟아진다. 그것도 아주 짧은 시간에 많은 양의 비가 내리기 때문에 사람들은 미처 대비하지 못한채 비를 그대로 흘러 버리는 경우도 많았는데 그렇기 때문에 팔레스타인 사람들은 겨울철이 되면 빗물을 받아둘 항아리를 준비하고 늘 긴장을 하고 있어야 했다.

이때는 이스라엘 전체가 비를 기다리고 비를 받아 두는 일로 한바탕 홍역을 치르게 된다.

그래서 이스라엘 사람들은 비를 하나님이 인간들에게 내려주시는 축복의 선물이라고 생각을 하며 서로 감사와 축복의 인사를 보내고 가물고 갈라진

마사다 산 비탈에 만들어진 수로

땅에 단비를 내려주시는 하나님께 감사하며 즐거워한다.

이스라엘에선 비가 내리면 그것을 은혜의 비로 여기고 뭔가 좋은 일들이 생길 것을 기대한다. 물론 아무리 비가 많이 온다고 해서 우리나라에서 처럼 홍수가 나고 장마가 지는 일은 없지만 비가 와서 땅속으로 스며들지 않는 이스라엘의 토양에선 비가 오면 그대로 한곳에 몰려 집중적으로 흘러가 버리는 일이 많다.

특히 들판이나 광야에선 이런 일들이 겨울철에 아주 흔하게 일어나는데 이렇게 많은 양의 빗물이 한꺼번에 흘러가는 곳을 바로 와디Wadi라고 한다. 여름철 내내 물기 하나 없던 메마른 계곡에 빗물이 마치 급류처럼 흘러가는 모습은 일대 장관이기도 하다. 이렇게 흘러가는 빗물을 그대로 흘러 버리지 않고 받아 놓을 있는 방법은 역시 저수지이다. 그래서 이스라엘엔 고대 때부터 사용되고 지금까지 그 형태를 유지하는 저수지가 여기 저기 많이 발굴되어 있다.

고대 예루살렘 사람들은 이곳 기혼샘을 굉장히 중요하고 성스러운 곳으로 생각을 했다. 생명의 근원이라고 할 수 있는 물이 나오는 유일한 곳이니까 그럴 만도 하다.

10.
히스기야의 물 확보 작전

예루살렘의 올드시티에서 밖으로 나가는 문 중에 덩게이트Dung gate라는 문이 있다. 이 문은 예수님 당시에 예루살렘에서 발생하는 사람과 동물의 배설물들을 내다 치웠다고 해서 일명 똥문 또는 분문糞門이라고도 하는데 이 문을 통해 밖으로 나오면 언덕 아래로 작은 아랍 마을을 하나 만나게 된다.

이 마을의 이름이 바로 실완Silwan이라고 한다. 그리고 그 마을의 왼쪽 아래로 내려가면 3천년 전에 건축된 다윗의 도시가 아직도 그 흔적을 남겨두고 있다.

그 다윗의 도시에서 더 밑으로 내려가면 솔로몬이 아버지 다윗 왕으로부터 왕으로서의 자격을 인정받는 기름부음을 받았던 장소 기혼샘Gihon spring이 나온다. 불과 몇 년 전만 해도 이곳 기혼샘은 그 마을에 사는 아랍 사람들이 관리하고 있어서 몇푼의 돈을 주면 기혼샘 안으로 들어갈 수가 있었다.

그러나 지금은 이스라엘 문화재 관리국에서 관리를 시작하게 되면서 기혼샘의 입구를 막고 다윗의 도시 유적지를 통해서야만 들어갈 수가 있게 되었다. 이곳 기혼샘에 대해서 소개하는 이유는 현재도 이곳 기혼샘에는 방금 전에 바위를 뚫고 물을 뽑아내는 것처럼 차갑고 맑은 물이 예루살렘의 땅 속에서 힘차게 솟아나고 있기 때문이다.

필자 역시 이곳 기혼샘을 여러 차례 들어가 봤는데 그때마다 허벅지까지 차오르는 차가운 물은 정말 신기할 정도이다. 그런데 여기서 한 가지 좀 더 자세하게 설명할 부분이 있다.

기혼샘은 과연 어떤 곳이길래 아랍 사람들이 관리했던 입구로 들어갈 수도 있으며 또 현재 이스라엘 문화재 관리국에서 관리하고 있는 새로운 입구를 통해서 들어갈 수가 있다는 것일까?

기혼샘은 우리가 생각하는 그런 깊은 산속의 샘물이 아니다. 마치 동굴 속을 들어가듯이 커다란 구멍 속으로 들어가게 되면 바닥에서 콸콸 물이 솟아올라온다. 그런데 그 물들이 기원전 740년 경에도 예루살렘에선 중요한 식수원이 되었는가 보다.

지금이야 갈릴리 호수에서 끌어온 물로 예루살렘의 모든 사람들이 사용하는 식수를 대신하고 있지만 예전에는 예루살렘의 모든 백성들이 예루살렘에서 유일한 이 샘물을 길어다 식수로 사용했다.

아마도 고대 예루살렘의 백성들이던 여부스 민족도 이 기혼샘의 바로 위에 있는 예루살렘을 중심으로 그 터전을 잡았을지도 모르는 일이다. 모든 도시에서 식수는 그만큼 중요한 법이니까.

그래서 고대 예루살렘 사람들은 이곳 기혼샘을 굉장히 중요하고 성스러운 곳으로 생각을 했다. 생명의 근원이라고 할 수 있는 물이 나오는 유일한 곳이니까 그럴 만도 하다. 만약에 이곳 기혼샘이 오염되거나 적의 손에 넘어가게 되면 예루살렘 사람들의 생명과 건강은 포기할 수 밖에 없게 되는 것은 당연한 일이기도 하다.

히스기야 터널

　그리고 예루살렘 사람들은 이 기혼샘을 식수로 사용한 것 뿐만 아니라 성전 의식용으로도 사용했다. 그래서 다윗이 자신의 아들 솔로몬에게 이스라엘의 세 번째 왕으로 기름을 붓는 의식을 행하기 위해 이곳 기혼샘으로 찾아왔다. 여기서 이런 호기심이 생기지 않을 수 없다. 과연 하루에도 수 만톤가량 솟아나온 기혼샘의 샘물들은 어디로 흘러가는 것일까?

　그렇다. 기혼샘에서 흘러나온 물은 분명 어디론가 흘러간다. 그 물들은 바로 기혼샘과 연결된 좁고 길다란 터널을 향해 흘러가는데 그 터널이 바로 히스기야 터널Hezekiah Tunnel이다.

　히스기야 터널은 기혼샘과 실로암 연못으로 연결된 533미터의 결코 짧지 않은 암반 터널이다. 말이 533미터이지 이 기혼샘으로 들어가 실로암 연못까지 터널을 걸어서 통과하는데는 약 30분에서 40분 정도 소요된다. 물의 깊이는 무릎까지 오고 터널의 높이는 약 2미터 정도이며 그 폭은 한 사람이 겨우 지나갈 수 있을 정도로 좁다.

그렇다면 이 터널은 누가 왜 파놓은 것일까? 이 터널은 바로 유다의 왕 히스기야 왕의 지시에 의해서 파 놓은 인공 터널이다. 기원전 7세기 경 히스기야가 유다를 다스리고 있을 당시 유다는 북쪽의 앗시리아Assyria의 지배를 받고 있었으며 매년 마다 앗시리아에 조공을 바치고 있었다.

그래서 히스기야 왕을 비롯한 유다 백성들은 늘 앗시리아에 대한 불만을 가질 수 밖에 없었고 그러다가 앗시리아의 왕이 산헤립Sennacherib으로 바뀌게 된다. 그러자 유대의 히스기야 왕은 기회는 이때다 하고 더 이상 앗시리아에 조공을 바치지 않을 것을 통보한다. 물론 산헤립의 보복성 공격을 충분히 예상했다.

그러면서 히스기야 왕은 예루살렘 성벽을 더욱 튼튼하게 건설하면서 전쟁에 대비를 했다.

그러나 문제는 예루살렘 성안의 백성들이 유일하게 사용하던 식수원인 기혼샘이었다. 산헤립이 앞장 선 앗시리아의 군사들이 예루살렘을 포위하게 되면 예루살렘 백성들은 성 밖에 있는 샘물을 길어다 먹을 수가 없게 되고 그런 상태라면 3개월 이상을 버틸 수가 없다는 것이다.

그러자 히스기야 왕은 아주 심각한 결정을 하게 된다.

"성 밖에 있는 기혼샘의 물을 성 안에 있는 실로암 연못으로 끌어 들이자."

물론 성 밖에 있는 기혼샘과 성 안에 있는 실로암 연못까지는 500미터가 넘는 거리였고 그 사이엔 작은 틈도 없는 단단한 암반으로 가로 막혀 있다. 그러나 공사는 시작되었다. 시간도 얼마 남지 않았다. 기혼샘과 실로암 연못, 양쪽에서 파고 들어가는 터널 공사는 말 그대로 죽음의 공사였고 엄청난 노력과 땀을 흘려야만 하는 작업이었다.

언제 앗시리아의 군사들이 쳐들어 올지 모르는 절대 절명의 순간, 암반을 깨는 둔탁한 소리가 들리기 시작했고 워낙 시간에 쫓기는 공사다 보니 터널의 넓이도 한사람이 겨우 통과할 정도로 좁게 파 들어갈 수 밖에 없었다. 여기저기서 공사장의 인부들이 부상을 당하고 돌에 깔려 죽는 일도 발생했다.

그러다가 겨우 3규빗cubit그러니까 약1미터30센티미터를 사이에 두고 반대쪽에서 파고 들어온 석공들의 목소리를 들을 수 있게 되었고 마침내 마지막 암반이 뚫리는 순간 기혼샘의 물이 실로암 연못쪽으로 쏟아져 들어왔다. 533미터의 터널이 완성된 것이다.

놀라운 것은 이런 수로 공사는 일정한 경사를 이뤄야 물이 흐르는 법인데 히스기야 터널은 이 경사를 정확히 유지하고 있다는 것이다. 뿐만 아니라 그 당시 나침반이나 GPS도 없던 시절 어떻게 정확하게 암반을 뚫고 상대방과 만날 수 있었을까? 그것은 아직도 그 비법을 알 수가 없는 미스터리로 남아 있으며 그렇게 연결된 터널이 바로 히스기야 터널이다.

기혼샘에서 시작된 533미터 길이의 히스기야 터널을 걷는 체험은 예루살렘 여행의 색다른 묘미를 선사하게 된다. 그동안 뜨겁고 건조한 예루살렘의 기후, 그리고 오르락내리락 걸어야 하는 예루살렘의 독특한 지형을 돌아다니다 보면 뭔가 시원한 그늘이나 시원한 물을 찾을 수 밖에 없게 된다.

그런데 히스기야의 터널 안으로 들어가는 순간, 그곳엔 무릎까지 차오르는 시원한 물에 발바닥에 느껴지는 거칠한 바위 바닥의 느낌, 그리고 끝이 보이지 않는 캄캄한 터널 속은 시원하면서도 왠지 모를 공포감이 몰려오게 된다.

히스기야 터널은 한사람이 겨우 지나갈 정도의 폭으로 좁지만 기혼샘에서 출발할 때의 높이는 그다지 높지 않다가 히스기야 터널의 끝부분인 실로암 연못쯤에 가면 높이가 약 2-3미터 정도 높아지는 것을 볼 수 있다.

이것은 아마도 처음 공사할 때 높낮이를 잘못 계산해서 그런 것이 아닐까 하는 생각이 든다. 어쨌든 기혼샘에서 시작된 물줄기가 실로암 연못까지 흘러가게 하는 데는 터널 바닥의 경사각도가 정확하기 때문에 물이 흘러 들어가게 되는 것이다.

그런데 기혼샘에서 시작된 이 터널을 걸어들어가서 약 100미터 정도 지나면 갑자기 터널의 윗부분에 뚫린 작은 구멍을 하나 만나게 된다. 터널 속이 너무 어둡기 때문에 굳이 누가 설명을 해주거나 가르쳐 주지 않으면 그런 구멍이 있는지 조차 모를 정도이다.

히스기야 터널에 왜 이런 구멍이 있었던 것일까? 그 구멍은 다윗이 예루살렘을 수도로 삼기전에 이미 그곳에서 살고 있었던 여부스 사람들이 기혼샘의 물을 길어 올리기 위해 땅위에서 부터 이곳 터널까지 파놓은 구멍이었다.

그런데 이 구멍을 다윗이 예루살렘을 공격할 때 아주 적절하게 사용했던 것이다. 다윗은 왕이 된 후 7년간 예루살렘에서 좀 떨어진 헤브론에서 이스라엘을 다스리다가 예루살렘으로 수도를 옮기고 싶어 했다.

하지만 예루살렘엔 이미 여부스 민족이 살고 있었고 그들이 쌓아올린 성

예수님당시의 물항아리

벽 또한 난공불락이었다. 더군다나 예루살렘 성 주변은 기드론 골짜기와 힌놈 골짜기로 둘러쌓여 있기 때문에 공격을 하기에도 쉬운 곳은 아니었다. 오죽하면 그 당시 여부스 사람들이 절름발이나 소경이라 할지라도 예루살렘을 지킬 수 있을 거라고 장담을 했을 정도였으니까.

도무지 여부스 민족이 살고 있는 예루살렘 성을 공격할 방법이 없었다. 바로 그때 다윗은 이런 생각을 했다. 전투경험이 많고 힘이 센 특수요원 몇명을 기혼샘을 통해 그 구멍을 이용하여 여부스 민족의 성안으로 들어간 다음 안에서 성문을 열면 그때 다윗의 군사들이 성안으로 들어가 여부스 민족을 내쫓는 것이다.

이 작전은 정확히 맞아 떨어졌고 마침내 성공을 했다. 그래서 그때부터 이곳 예루살렘은 여부스 민족의 땅이 아닌 이스라엘 백성의 땅이 된 것이다. 역사책에만 기록되어 있는 그 구멍은 아무도 찾지 못했다. 그러나 1867년 찰스 워렌Charles Waren이라는 고고학자가 마침내 이 구멍을 발견하였고 그때부터 이 구멍을 워렌 샤프트Waren Shaft 또는 워렌의 수직 갱도 라고 부르고 있다.

워렌 샤프트의 구멍을 지난 뒤 아무리 걸어도 끝이 보이지 않는 어둠의 터널, 말 한마디 숨소리까지도 먼곳까지 울려 퍼지는 밀폐된 공간, 그런 터널 속을 약40분간에 걸쳐서 지나오면 드디어 먼 곳에서 밝은 빛이 비쳐온다. 드디어 히스기야 터널이 끝이 나는 순간이다.

그 끝에 다다르면 몇 개의 커다란 돌기둥이 아무렇게나 쓰러져 있는 작은 연못이 나오는데 이곳이 바로 실로암 연못이다. 기혼샘의 물을 받는 곳 실로암. 그래서 실로암이라는 뜻은 "보냄을 받았다"이다.

실로암은 예수님 당시 겨울철 우기에 내리는 빗물을 담아 두는 곳이었다. 기혼샘에서 나오는 샘물 말고 이렇게 아쉬운 데로 빗물을 담아 사용했던 곳이다. 그런데 히스기야 왕이 기혼샘의 물을 성안에 있던 이곳 실로암까지 끌어들이는데 성공하면서 이제 예루살렘 성 안에 살던 사람들도 성문이 완벽하게 닫힌 이후에도 맘 놓고 식수를 사용할 수 있게 된 것이다.

실로암 연못은 성경에서 크게 두 번 정도 소개가 된다.

첫 번째로, 예수님 당시 실로암에 있던 망대가 무너져서 그 돌들에 18명이 깔려 죽는 사건이 발생했다. 망대를 세운 돌들이라 하면 엄청난 크기와 무게의 돌들이었을 텐데 그 돌에 깔려 죽었으니 죽은 사람들의 주검은 처참하기 이를데 없는 상황이었다.

히스기야 터널의 끝부분에 있는 실로암연못

이때 죽은 사람들은 이곳 실로암 망대에서 일하던 일꾼이라고도 하고 망대에 있는 죄수들이라고도 한다. 아마도 그 당시에 망대의 밑부분에 죄수를 가두는 감옥이 있었던가 보다.

어쨌든 시신을 수습하지도 못할 정도로 처참하게 죽은 18명을 두고 어떤 사람들은 그들이 죄를 많이 지어서 돌에 깔려 죽었다는 얘기를 하기도 했고 또 어떤 이들은 하나님이 그들을 심판했다는 얘기도 했다.

그러나 예수님은 그렇게 생각하지 않으셨다. "그렇게 죽은 사람들이 예루살렘에 있는 모든 사람보다 죄가 더 있는 줄 아느냐? 아니다. 만일 누구든지 회개하지 않으면 다 이처럼 죽게될 것이다."

두 번째 이야기는 예루살렘 성을 찾은 예수님께서 태어날 때부터 소경이었던 사람에게 진흙으로 눈을 부빈 다음 실로암 연못에 가서 씻으라고 시키신 이야기이다. 태어날 때부터 전혀 앞을 보지 못했던 소경이 비로소 눈이 뜨이고 세상을 보게 된 곳 실로암, 그래서 그 소경에게는 실로암이 제 2의 탄생의 장소가 된 거나 다름없다.

현재 이곳 실로암 연못에 가면 돌기둥이 뒹구는 것을 볼 수 있는데 이것은 실로암 연못의 자리에 5세기경 교회가 세워졌지만 페르시아 침략 때 무너져 오늘까지 재건되지 않고 그냥 방치되어 있는 것이다. 그리고 실로암 연못이 있는 그 마을은 지금도 실완이라고 부르며 팔레스타인 사람들이 거주하고 있다.

11.
유대인들의 건강 음료

마실 물이 풍부하지 않고 날씨가 더운 팔레스타인 지방에서 동물의 젖은 단백질과 칼슘을 제공해 주는 아주 중요한 음료였다. 그래서 출애굽기 3:8 에 보면 "내가 내려가서 그들을 애굽인의 손에서 건져내고 그들을 그 땅에서 인도하여 아름답고 광대한 땅, 젖과 꿀이 흐르는 땅 곧 가나안 족속, 헷 족속, 아모리 족속, 브리스 족속, 히위 족속, 여부스 족속의 지방에 데려가려 하노라"라고 말할 정도였다.

젖과 꿀이 흐르는 땅은 그 만큼 이스라엘 백성들에게는 꿈과 같은 곳이었던 것이다. 젖이 풍부한 곳, 젖을 만들어 내기에 적당한 곳은 그 당시 이스라엘 백성들에게는 절실한 곳이었다.

그런데 실제로 팔레스타인 땅에서는 젖을 만들어내는데 그다지 어렵지가 않았다. 동물의 젖은 주로 염소나 양의 젖에서부터 추출해 냈는데 팔레스타인 땅에서는 그때에도 그랬지만 지금도 양과 염소들을 키우는 일을 하고 있다.

예루살렘에서 차를 타고 감람산을 지나 여리고 쪽으로 가다 보면 양옆으로 펼쳐지는 넓은 광야에 마치 양탄자와 같은 털북숭이의 양떼와 염소떼들이 수백 마리씩 떼를 지어 돌아다니는 것을 볼 수가 있다.

아무것도 없을 것만 같은 저 황량한 들판에서 도대체 뭘 먹을 게 있다고 저렇게 몰려다닐까 하는 생각이 들지만 실제로 그 양떼들이 노는 곳에 가까이 가 보면 멀리서는 보지 못했던 푸른 풀들이 여기 저기 많이 돋아난 것들을 발견할 수가 있다.

동물의 젖은 바로 이 염소와 양들에게서 추출해 내는 것이다. 일단 양들에게서 젖을 짜 낸 다음에 항아리에 담아서 시원한 물이 고여 있는 오아시스나 샘물에 담아놓는다. 신선도를 유지하기 위해서다.

그런가하면 동물의 젖을 담은 항아리를 석회석 동굴에 보관하기도 한다. 이렇게 갓 짜낸 동물의 젖은 그날 식사 때 음료로 사용되기도 했고 몸이 약한자나 환자들에게 보양식으로도 사용되었다.

물론 많은 양떼나 염소떼를 갖고 있지 않은 농사꾼이나 일반 가정에서도 이렇게 동물의 젖을 마시기 위해 두 세 마리의 양을 키우는 집도 많았는데 그것마저도 없는 집에서는 동물의 젖을 사서 마시기도 했다.

그리고 조금 더 여유가 있는 집은 암소 한 마리를 집에서 키우면서 농사일을 할 때 사용하기도 하고 또 소의 젖을 짜내서 마시기도 했다. 그러나 염소와 양, 암소의 젖은 마셨지만 절대로 마시지 않는 동물의 젖이 있었는데 그것은 바로 돼지의 젖이었다.

날씨가 워낙 더운 지방이다 보니 동물의 젖은 잘 보관하지 않으면 금방 부패할 수밖에 없다. 물론 나중에 동물의 젖을 오랫동안 보관하기 위한 살균법이 개발이 되긴 했지만 그 전에는 젖을 짜 낸 뒤 곧바로 마시고 소비할 수 있는 만큼만 짜 내어 마셨던 것이다.

더운 날씨에 쉽게 지치고 영양분도 골고루 섭취할 수 없었던 이들에게 동물의 젖은 그야말로 보약과도 같은 음료였다. 그리고 힘을 내서 일을 할 수 있는 강력한 건강음료였던 것이다.

필자는 언젠가 이스라엘의 남부 네게브 사막 지역을 여행할 때 베두인 텐트를 방문한 적이 있었다. 때 마침 텐트 안에는 7, 8살 정도로 보이는 아이들 밖에 없었고 어른이 어디 있냐고 묻자 그 아이들은 나를 사막 한가운데로 데려 갔다.

그 아이들을 따라서 한참이나 뜨거운 태양빛을 받아가며 사막 안으로 들어갔을 때 그곳에는 양떼를 돌보는 노인이 한 분 계셨다. 워낙에 햇볕을 받으며 사막에서 양떼를 돌보는 일을 하는 사람이라서 그렇기도 했지만 한 눈에 보기에도 그 분의 나이는 약 여든 살이 넘어 보였다.

필자는 그 노인에게 인사를 나누고 그 옆에 앉아서 노인이 건네주는 차를 받아마셨다. 그러면서 도대체 양떼는 몇 마리 정도나 되냐고 물었더니 그 노인이 하는 말이 약 2백 여마리 된다고 했다. 그 2백 여 마리의 양떼를 사막에서 직접 관리를 하는데 그 나이에 힘들지않느냐고 물었더니 그 노인은 껄껄 웃기만 하고 대답을 하지 않았다.

그 노인의 나이는 여든 두 살이라고 했다. 그런데 나와 함께 따라왔던 조그만 아이가 그 노인의 어깨에 올라타고 귀찮게 하는 것을 보고 할아버지 힘드니까 그만하라고 이야기를 했다. 그랬더니 그 조그만 아이가 저를 똑바로 쳐다보면서 하는 말이 저 분은 나의 할아버지가 아니라 아버지라고 말했다. 나는 혹시 잘못 알아들은 것이 아닌가 하고 그 노인에게 다시 물었다. 저 작은 아이가 당신의 손자가 아니라 아들이 맞냐고.

그랬더니 그 노인이 하는 말이 저 아이는 나의 막내아들이며 지금은 7살이라고 했고 나는 그 순간 놀라지 않을 수가 없었다. 아니 어떻게 여든 살이 넘은 노인에게 7살 짜리 아들이 있을 수가 있는 것일까?

그랬더니 그 노인은 나에게 자신의 건강 비결에 대해서 들려주었는데 75살의 나이에도 아들을 낳을 수 있는 건강의 비결은 바로 양의 젖이라고 했다. 매일 한 컵 이상의 양의 젖을 먹으면 나이 먹어 기력이 떨어지는 것을 방지할 수가 있으며 그 나이가 되도록 힘들고 지칠수밖에 없는 양을 돌보는 일을 해도 끄떡 없다는 것이다. 물론 그 나이에도 아들을 낳을 수 있고.

그러면서 방금 짜 낸 양의 젖을 한 컵 내밀어 나의 입에 갖다 대었지만 나는 그 양의 젖을 마실 수가 없었다. 컵을 코 끝에 갖다 대자 마자 비린내와 역한 냄새가 코를 자극했기 때문이다. 내가 끝내 그 양의 젖을 마시지 못하자 그 노인은 또 다시 껄껄 웃으면서 노인의 입으로 한입에 털어 넣었다.

이렇게 팔레스타인 사람들에게 양의 젖은 물이 귀한 지역에 귀한 생명수이자 또 건강을 지킬 수 있는 건강 음료였다.

12.
다윗이 형들에게 전해 준
도시락

그러나 날씨가 더운 팔레스타인 지방에서 동물의 젖은 쉽게 상할 수밖에 없다. 그래서 이들이 생각해 낸 것이 동물의 젖을 그대로 태양빛에 증발 시켜서 그릇 바닥에 걸쭉하게 가라 앉은 반고체 형태의 젖을 먹는 방법이었다.

일종의 요거트Yogurt와 같은 것이다. 이렇게 만들면 젖을 시원한 곳에 보관하지 않아도 상하지 않을 뿐만 아니라 언제 어디서든 먹을 수 있게 되었다. 이런 형태의 요거트는 아브라함이 하나님의 사자가 찾아왔을 때 대접했던 것이라고도 추정을 한다.

창세기 18:8에 보면 "아브라함이 엉긴 젖과 우유와 하인이 요리한 송아지를 가져다가 그들 앞에 차려 놓고 나무 아래에 모셔 서매 그들이 먹으니라" 라고 기록이 되었다. 여기서 엉긴 젖이 바로 요거트 형태의 젖이라는 것이다.

그리고 또 한 가지 놀라운 사실이 있는데 그것은 그 당시 사람들이 치즈를 만들어 먹었다는 사실이다. 사무엘상 17:18에 보면 다윗의 아버지 이새가 다윗에게 형들이 있는 곳으로 보내면서 하는 말이 나온다.

"이새가 그의 아들 다윗에게 이르되 지금 네 형들을 위하여 이 볶은 곡식 한 에바와 이 떡 열 덩이를 가지고 진영으로 속히 가서 네 형들에게 주고 이 치즈 열 덩이를 가져다가 그들의 천부장에게 주고 네 형들의 안부를 살피고 증표를 가져오라" 이 성경 구절에서 보듯이 다윗의 아버지 이새는 치즈 열 덩이를 다윗의 손에 쥐어 주었다. 그러니까 이미 3천 년 전에도 치즈를 만들어 먹었다는 것을 알 수가 있는 것이다.

사무엘하 17:29에 봐도 "꿀과 버터와 양과 치즈를 가져다가 다윗과 그와 함께 한 백성에게 먹게 하였으니 이는 그들 생각에 백성이 들에서 시장하고 곤하고 목마르겠다 함이더라" 라고 적혀 있다. 그만큼 치즈는 휴대용 음식이었음을 알 수가 있다.

다윗의 아버지 이새가 다윗에게 치즈 열 덩이를 싸 주고 또 암몬 족속에 속한 랍바 사람들이 다윗에게 보낸 음식만 보더라도 그 당시 치즈는 빼 놓을 수 없는 영양식이었다.

그렇다면 그 당시 치즈는 어떻게 만드는 것이었을까?

아랍에서는 굳어진 우유를 레벤leben 이라고 부른다. 이것은 약간 발효된 우유를 휘저어서 만든 버터 종류의 물질이나 버터나 밀크와도 같은 것으로 우유를 동물의 가죽으로 만든 술부대와 같이 생긴 주머니에 넣고 있는 힘을 다해 짜낸다. 그럼 물을 짜내 버리면 주머니 안에는 레벤이라고 하는 덩어리만 남게 된다. 이것을 꺼내서 물에 넣고 서서히 끓이면 응고가 되는데 이것이 바로 치즈가 되는 것이다. 이때 응고가 빨리 되도록 동물의 위장 내막에서 추출한 레닛이라는 것을 첨가해서 끓이면 응고가 더 빨리 된다.

이것은 가축들이 우유를 생산해 내지 않는 기간 동안에 먹게 된다.

그런데 동물의 젖을 먹을 때 주의해야 할 점이 있었다. 그것은 바로 동물의 젖과 고기를 함께 먹지 않는다는 것이다. 신명기 14:21에 보면 "너는 염소 새끼를 그 어미의 젖에 삶지 말지니라"라고 적혀 있는데 바로 이 말씀에 따라서 동물의 젖과 육류를 함께 먹지 않는 것이다. 만약에 함께 먹게 된다면 그 두 가지의 음식이 뱃속에서 섞여 버리게 되기 때문이다.

말씀 하나에도 정확하게 그 율법을 따르려고 했던 그 당시 율법주의자들은 이 말씀에 따라서 고기와 젖을 함께 먹지 않았고 그 전통은 지금까지도 유대인들에게는 변하지 않는 중요한 식사법이 되었다.

이것을 코셔Kosher라고 한다. 그래서 그 당시 사람들은 식탁을 차릴 때에도 식탁 위에 동물의 젖과 고기 종류의 음식을 함께 올려놓지도 않았다. 이러한 풍습은 수천 년이 지난 지금까지도 유대인들에게 그대로 적용이 되고 있는데 동물의 젖을 담는 그릇이나 유리컵 그리고 포크와 나이프에는 절대로 고기 음식을 담지도 않았다.

그러니까 젖과 치즈, 버터 등을 사용하는 그릇과 고기 음식을 담는 그릇이 따로 있었던 것이다. 현재 이스라엘의 유대인 가정에 가면 부엌에 있는 싱크대도 역시 두 가지로 나뉘어있다. 하나의 싱크대는 우유제품을 사용했던 그릇을 설거지 하는 싱크대 또 하나는 그 외의 식기들을 설거지하는 싱크대로 나뉘는 것이다.

그렇다면 과연 우유와 치즈 그리고 고기는 언제 같이 먹을 수 있는 것일까?

일단, 두 가지의 음식은 절대로 함께 먹을 수 없다. 사람마다 약간의 차이는 있지만 고기음식을 먹은 후에 위에서 어느 정도 소화가 다 되었다고 생각되면 그제서야 우유를 마실 수가 있는 거다.

예를 들어 식당에 가서 스테이크를 먹은 후에 아이스크림을 먹고 싶다면 최소한 3시간은 기다리거나 아니면 6시간 정도는 기다렸다가 아이스크림을 먹어야 한다. 우유를 만들 때에도 부정한 동물의 우유가 섞일 것을 염려하는 이스라엘 사람들은 그래서 랍비가 우유를 만드는 과정에서 관리 감독을 해야 한다.

물론 모든 우유가 그렇게 만들어지는 것은 아니지만 어쨌든 이스라엘 사람들은 그런 과정을 거쳐 만든 우유를 더 좋아한다. 이런 우유를 유대인의 우유 '할라브 이스라엘chalav Yisrael'이라고 한다.

이스라엘 사람들은 피타빵을 한 조각 손
으로 뜯어서 후무스에 푹 찍어 먹는 식사
를 한다. 피타빵은 손으로 뜯으면 그 속이
마주 주머니처럼 벌어진다.

13.
유대인들의 먹거리

팔레스타인 지역은 물이 흔하지 않은 지역이다. 워낙에 강수량이 적은 데다가 주변에 강이 있거나 호수가 있지도 않다. 이스라엘에 있는 강이라 봐야 폭이10m도 안 되는 작은 개울 정도의 요단강이 전부이고 북쪽에 있는 둘레 66km의 갈릴리 호수가 전부이다. 그리고 지질도 워낙에 모래사막이 많은 곳이라 우리나라에서 처럼 벼를 재배하는 논 농사라는 것은 아예 생각할 수도 없다.

이스라엘에서 구할 수 있는 쌀이란 이집트에서 수입해 온 것들이다. 이스라엘과 바로 이웃하고 있는 이집트에는 고센땅과 같은 곡창지역이 있기 때문에 그곳에서 쌀을 수확하는데 이 쌀을 수입해서 먹는 것이다. 이 이야기는 다시 말해서 이스라엘 사람들은 쌀을 주식으로 하지 않는다는 것이다.

그 대신에 물이 많지 않아도 잘 자라는 밀과 호밀을 주로 농사를 짓는다. 워낙에 평지가 귀하고 주로 언덕이 많은 팔레스타인 지역이다 보니 밀 농사를 짓는 것도 쉽지가 않다. 그러나 지중해 연안가나 요르단 계곡쪽 그리고 사마리아 근처에 있는 에스드라론Esdralon 고지의 샤론 평야에는 비교적 흑갈색의 옥토가 있다.

이곳은 성경에서도 열매를 많이 맺는 곳이라고 소개를 하기도 한다. 하지만 그 외의 지역은 돌과 자갈만이 있는 불모지와 같은 언덕이 펼쳐지고 계곡에는 한낮의 뜨거움 만이 있다.

이곳에 농부들은 계단식으로 작은 밭을 만들고 그곳에 밀과 보리의 씨앗을 뿌리는 것이다.

그러나 겨울철에 내리는 비는 언덕을 따라 아래로 집중적으로 흘러내리는 이때 계단식 밭을 모두 허물어뜨리는 일들이 종종 있다. 그래서 농부들은 시간이 날 때마다 주변에 있는 돌들을 주워 모아 계단식 밭이 무너지지 않도록 단단하게 다지는 일로 시간을 보내야 했다.

이처럼 팔레스타인 땅에서 농사를 짓는 일이란 결코 쉬운 일이 아니다. 그렇게 수확이 된 밀로 만드는 것이 주로 피타빵이라는 것인데 마치 우리나라의 호떡이나 피자의 기본 틀이 되는 도우의 형태와 비슷하게 생겼다. 실제로 이것이 나중에 유럽으로 옮겨가면서 피자가 되었다는 이야기도 있다.

어쨌든 팔레스타인의 주부들은 시간이 날 때마다 밀가루를 반죽해서 피

예수님 당시에 먹었을 각종 곡물들

타빵을 만드는 데 많은 시간을 보냈다.

지금도 이스라엘의 식당에 가면 이 피타빵을 반드시 손님들에게 내 놓는다. 커다란 접시에 다섯 장에서 여덟 장 정도 내 놓는데 이스라엘 사람들은 유대인이건 아랍 사람들이건 이 피타빵을 아주 즐겨 먹는다. 아랍 사람들이 살고 있는 팔레스타인 지역의 재래시장에 가면 이 피타빵을 커다란 수레에 잔뜩 싣고 판매를 하는 사람들을 종종 볼 수가 있는데 가격도 우리나라 돈으로 약 천원이면 스무장 정도 살 수 있으니까 정말 싸다.

갈릴리 호숫가에 있는 예수님께서 오천 명에게 물고기 두 마리와 보리떡 두 개로 식사를 할 수 있도록 기적을 베푸신 장소에 있는 오병이어 교회에 가면 교회의 맨 앞쪽 바닥에 아주 유명한 모자이크가 있는데 이곳에 그려져 있는 물고기 두 마리와 떡 다섯 개의 모양이 바로 이 피타빵과 같은 모양이다.

그럼 이스라엘 사람들은 이 피타빵을 어떻게 먹을까? 물론 그냥 피타빵만 손으로 뜯어 먹는 경우도 있기는 하지만 후무스Hummus라고 하는 소스에 찍어 먹기도 한다.

후무스란 과연 또 어떤 것일까? 이스라엘 사람들이 피타빵을 찍어먹는 후무스라는 소스는 중동 지역 어디를 가든 쉽게 볼 수 있는 것인데 마치 우리나라 사람들이 고추장이나 된장을 즐겨 먹듯이 이곳 사람들은 식탁에서 후무스가 빠지는 경우가 거의 없다.

후무스라는 말은 병아리콩을 말하는 아랍어이다. 그러나 이스라엘에서 살고 있는 유대인들도 후무스라고 표현을 할 정도로 이스라엘에서는 고유명사가 되어 있다.

병아리콩을 삶아서 곱게 간 다음 그곳에 올리브 오일과 짭잘한 맛을 내기 위한 자타르Zaatar라고 하는 깨와 같은 것을 역시 곱게 갈아서 잘 섞어 놓은 것이다. 마치 마요네즈와 같은 형태라고 할 수가 있다.

접시에 후무스를 얇게 펴서 담은 다음에 가운데 부분을 움푹 파서 삶은 병아리 콩을 몇 알 올리고 후무스 주변에는 올리브 오일을 두른 다음에 식탁에 올려놓는 것이다. 후무스는 프랑스에서 발간된 〈죽기 전에 꼭 한번 먹어봐야 할 음식 1001가지〉라는 책에도 소개가 될 만큼 그 맛도 아주 고소하다.

물론 후무스를 만드는 사람마다 각자 자기의 취향대로 향신료를 섞는 경우도 있기 때문에 어떤 후무스는 향기가 너무 강해 우리가 먹기에는 조금 힘든 경우도 있지만 대개의 후무스는 고소한 맛이 난다.

이스라엘에선 매년 후무스 테스트라는 것이 열린다. 각 지역에서 나름대로 오랜 전통으로 각자의 방법으로 후무스를 만드는 사람들이 각자 자기가 만든 후무스를 들고 나와서 콘테스트를 하는 것이다. 이 콘테스트에서 매년 좋은 성적을 내는 후무스가 바로 예루살렘에서 얼마 떨어지지 않은 아부 고쉬Abu Gosh라는 지역에서 만든 후무스이다. 그래서 이스라엘 사람들은 이 후무스의 맛을 보기 위해 아부 고쉬까지 찾아올 정도이다. 필자 역시 아부 고쉬에서 만든 후무스의 맛을 보았는데 내가 먹어도 아주 맛있게 먹을 수 있을 정도로 고소하고 담백한 맛이었다. 물론 그 식당의 주인은 자기가 만든 후무스를 시간 가는 줄 모르게 자랑을 하기도 했다.

어쨌든 피타빵과 후무스는 서로 떼려야 뗄 수가 없는 아주 궁합이 잘 맞는 음식이라고 볼수가 있다. 이스라엘 사람들은 피타빵을 한 조각 손으로 뜯어서 후무스에 푹 찍어 먹는 식사를 한다. 피타빵은 손으로 뜯으면 그 속이 마주 주머니처럼 벌어진다.

그럼 이스라엘 사람들은 이 피타빵 안에 팔라펠Falafel이라는 것과 슈와르마Shuarma라는 것을 넣어서 함께 먹는다. 팔라펠은 병아리 콩을 잘게 으깨서 올리브 오일을 섞어서 마치 작은 송편만한 크기로 동그랗게 만들고 그 다음에 기름에 튀긴 것으로 색깔은 흑갈색인데 보기에는 저게 무슨 맛이 있을까 싶긴 하지만 일단 그 팔라펠을 입안에 넣고 이로 깨무는 순간 입 안

채소를 다듬고 있는 유대 여인들

에서 퍼지는 고소한 맛은 그야말로 일품이라고 할 수가 있다.

슈와르마는 얇게 썰은 양고기를 꼬챙이에 끼워서 불에 구운 것으로 이스라엘 뿐만 아니라 중동 전지역에서 아주 쉽게 볼 수 있는 요리이다. 이스라엘의 도시와 골목에 있는 식당의 밖이나 아니면 주방의 한 쪽 구석에 얇게 썬 양고기가 수 백 장 켜켜이 쌓아서 세로로 세워진 기다란 꼬챙이에 끼운 다음에 빙글빙글 돌아가는 장면을 자주 목격할 수가 있다.

이 양고기는 뒷면에 전기로 된 열판에서 나온 열기로 구워지면서 돌아가는 것인데 이때 흐르는 기름은 바닥으로 모두 떨어져서 정작 꼬챙이에 꽂혀져 있는 양고기에는 기름이 별로 없다.

그럼 식당의 주방장은 커다란 칼로 꼬챙이에 꽂혀져 돌아가는 양고기의 겉면을 위에서 아래로 훑어 내려가면 마치 채가 썰어지듯이 양고기가 우수수 아래로 떨어진다. 바로 이 얇게 썰어진 양고기를 피타빵 안에 팔라페와 함께 넣어서 먹는 것이다. 단백질이 풍부한 콩으로 만들어진 피타빵과 팔라페 그리고 콜레스테롤이 적으면서 불포화산 지방이 가득한 양고기의 조합은 그야말로 건강식이나 다름없다.

마치 우리의 김치와 깍두기를 병아리 콩으로 대신하고 우리의 고추장과 된장을 후무스로 대신하고 또 우리의 삼겹살을 양고기로 대신하는 이 이스라엘 음식은 가격도 그다지 비싸지 않아 일반 대중들의 먹거리로 오랜 세월 식탁을 차지했던 것이다. 지금도 이스라엘의 재래시장과 또 도심의 일반 식당에서도 너무 쉽게 만날 수 있는 이 음식들은 덥고 건조한 팔레스타인 사람들에게는 영양을 제공해 주기에 충분하다.

나는 이스라엘에 여행을 할 때마다 길에서 시장을 느끼게 될 때 주저 없이 거리의 수레에서 팔고 있는 이 피타빵과 팔라페 그리고 슈와르마를 즐겨 먹었다. 피타빵 하나에 팔라페와 슈와르마를 잔뜩 넣어서 그거 하나만 먹어도 한끼가 충분히 해결될 정도로 아주 배가 든든하기 때문이다.

예수님 당시의 이스라엘 사람들이 어떤 음식을 먹으며 살았는지 경험해 보고 싶다면 중동음식점을 찾아가 보자. 2천 년의 세월이 흐르긴 했어도 이 피타빵과 팔라페 그리고 슈와르마의 요리법이나 맛은 크게 변한 것이 없으니까.

14.
나사렛 빌리지의 화덕

예루살렘에서 북쪽으로 약 137km에 떨어져 있는 나사렛은 예수님 당시에 이름도 없는 아주 작은 마을이었다. 그러나 지금은 인구 7만 명이나 되는 꽤나 많은 사람들이 모여 살고있는 중형 도시가 되었다.

더군다나 예수님이 태어나시기 직전 가브리엘 천사가 마리아에게 나타나 예수님의 잉태를 알려 주었다는 수태고지 교회가 있는 나사렛 마을은 지금도 전 세계에서 찾아오는 성지순례객과 관광객들로 늘 초만원을 이루는 어엿한 관광도시가 되었다. 그런데 이곳 나사렛을 찾는 사람들 중에는 대부분이 수태고지 교회와 마리아가 물을 길었다는 우물 자리에 세워진 교회 말고는 다른 곳을 찾아가는 사람이 별로 없다

하지만 나사렛에는 2천 년 전 당시의 이스라엘 사람들이 어떤 집에서 어떤 형태로 살았는지 그리고 그들은 무엇을 하면서 살았고 무엇을 먹으

며 살았었는지를 아주 한눈에 잘 알 수 있도록 만들어 놓은 나사렛 빌리지 라는 곳이 있다.

마치 우리나라의 용인 민속촌과도 같은 곳인데 우리의 민속촌과는 비교가 안 될 정도로 규모가 작고 어설프기는 하지만 그래도 이스라엘에서 이 곳만한 곳이 없다. 더군다나 성경의 이야기를 다루는 다큐멘터리 작품에서 옛날의 모습을 재연해 촬영을 하기 위해서 세계의 많은 다큐멘터리 팀들이 이곳을 찾기도 한다. 이곳에 가게 되면 예수님 당시의 가정집과 그 집에 딸려 있는 주방까지도 아주 자세하게 만들어 놓았는데 이곳의 주방에

나사렛 빌리지의 화덕

들어가게 되면 아주 눈에 익은 것을 하나 발견하게 된다.

그것은 바로 화덕이다. 예수님 당시의 사람들 중에 생활에 여유가 있는 사람들은 밀가루로 만든 빵을 만들어 먹었지만 가난한 사람들은 보리로 만든 빵을 만들어 먹었다. 이때 사용한 것이 바로 화덕이다.

화덕은 진흙으로 만들어져 있으며 정면에 큰 구멍이 있는데 이곳에 연료를 집어넣고 윗부분의 구멍에 항아리를 올려놓는다. 이 화덕의 모양은 옛날에 우리의 조상들이 사용하던 화덕과 그 모습이 크게 다르지 않아서 눈에 익다고 했던 것이다.

이 화덕의 밑에는 갖가지 연료를 넣고 불을 지피게 되는데 이때 말린 거름이나 지푸라기 또는 건초와 숯 등을 사용한다. 특히 들풀은 연료 중에서 가장 열을 많이 내는 고화력의 연료였다.

마태복음 6:30에 보면 "오늘 있다가 내일 아궁이에 던져지는 들풀도 하나님이 이렇게 입히시거든 하물며 너희일까 보냐"라는 구절이 있듯이 그때 당시에 들풀을 화덕의 불을 지피는데 많이 사용했던 것 같다. 나무로 만든 숯은 예수님께서 부활하신 후 제자들의 아침 식사를 마련하실 때도 사용되었다. 요한복음 21:9에 보면 "육지에 올라보니 숯불이 있는데 그 위에 생선이 놓였고 떡도 있더라"라고 적혀 있다.

예수님 당시 대부분의 이스라엘 주부들은 하루 중에 많은 시간을 빵을 만드는데 시간을 보냈다. 빵을 만들 때는 밀가루와 누룩, 소금, 감람열매, 기름, 물, 우유 등을 사용하는데 먼저 밀가루와 물을 섞어서 반죽을 하고 미리 시어진 누룩을 두른다. 그 누룩은 밀가루에 약간 섞어서 따뜻한 곳에 보관해 밤새 발효를 시키고 그런 다음에 잔뜩 부풀어진 반죽을 마치 호떡 모양으로 만들어 화덕에 넣고 굽는 것이다.

빵을 만드는 또 다른 방법이 있다. 마치 우리나라의 옛날 솥단지의 뚜껑과 같은 것을 불위에 올려놓고 그 뚜껑 위에다 밀가루 반죽을 아주 얇고 넓게 펴서 굽는 것이다. 이때는 반드시 주부가 그 옆에서 이 과정을 지켜보고 있어야 하는데 뜨겁게 달궈진 솥뚜껑 위에 밀가루 반죽을 올려놓는 순간 곧바로 기포를 만들면서 구워지기 때문이다.

적당히 구워졌다 싶으면 이번에는 반대로 뒤집어서 똑같이 굽는다. 이런 과정을 서너 번 거치게 되면 맛있는 빵이 만들어진다.

이런 밀가루 반죽에 관한 성경 구절이 있다. 누가복음 13:21에 보면 "마치 여자가 가루 서 말 속에 갖다 넣어 전부 부풀게 한 누룩과 같으니라 하셨느니라"라고 기록이 되어있다. 그러나 누룩은 항상 넣는 것이 아니었다.

유월절에는 누룩 없는 빵을 만들어 먹는 것이 유대인들의 전통이다. 유월절 당시 이스라엘 민족은 이집트의 바로 왕 밑에서 노예생활을 하다가 그들의 고향 이스라엘 땅으로 돌아오게된 것을 기념하는 축제이다.

그런데 이때 당시 이스라엘 백성들이 워낙 급하게 이집트를 빠져 나오다 보니 미처 누룩을 챙기지 못해 광야에서 누룩 없는 빵을 만들어 먹었던 것을 생각하는 의미로 유월절에는 누룩이 들어가지 않은 빵을 만들어 먹는데 이때의 상황은 출애굽기 12:39에 또 자세하게 소개되고 있다. "그들이 애굽으로부터 가지고 나온 발효되지 못한 반죽으로 무교병을 구웠으니 이는 그들이 애굽에서 쫓겨나므로 지체할 수 없었음이며 아무 양식도 준비하지 못하였음이더라" 이러한 전통은 예수님 당시 때 뿐만 아니라 지금 이스라엘에서 살아가는 유대인들도 그대로 지키고 있는 전통이기도 하다.

이때 이스라엘은 좀 유별날 정도로 누룩 없는 빵을 만들기 위한 작전을 펼치게 된다. 주방에 있는 식기들을 모두 꺼내서 혹시 어딘가에 조금이라도 묻어 있을지 모르는 누룩을 없애기 위해 깨끗하게 설거지 하는 것은 물론이고 좀 심할 경우엔 토치 램프를 이용해서 식기를 불에 달구며 누룩을 없애는 작업을 한다.

또 어떤 가정에선 아이들과 함께 누룩을 찾아내기 게임을 하기도 하는

화덕 옆에서 음식을 만드는 중인 유대인 여자

경우도 있다. 아버지나 어머니가 주방 식기에 약간의 누룩을 묻혀 놓고 주
방 깊숙한 곳에 숨겨 놓으면 아이들은 그 누룩이 묻은 식기를 찾아내기 위
해 주방을 한바탕 뒤지는 것이다.

염소와 송아지는 우리나라에서와 마찬가
지로 그 집안의 중요한 재산 목록중에 하
나였다. 만약에 염소와 양을 잡게 되면 양
의 털과 우유를 더 이상 만들어 낼 수가 없
기 때문에 그래서 역시 쉽게 잡지는 않았
던 것이다.

15.
염소는 재산목록 1위

예수님 당시 보통 사람들은 평소에 고기를 먹는 일이 그다지 많지 않았다. 하지만 가정에 경사가 있을 때나 귀한 손님이 찾아오면 고기를 먹었는데 주로 염소새끼와 양, 송아지 등을 잡게 된다.

염소와 송아지는 우리나라에서와 마찬가지로 그 집안의 중요한 재산 목록중에 하나였다. 만약에 염소와 양을 잡게 되면 양의 털과 우유를 더 이상 만들어 낼 수가 없기 때문에 그래서 역시 쉽게 잡지는 않았던 것이다.

그러나 집을 나갔던 아들이 돌아오자 아버지는 너무 기뻐서 드디어 송아지를 잡았다. 누가복음 15:23~24을 살펴보자. "살진 송아지를 끌어다가 잡으라 우리가 먹고 즐기자 이 내 아들은 죽었다가 다시 살아났으며 내가 잃었다가 다시 얻었노라 하니 그들이 즐거워하더라" 양을 잡을 때는 먼저 양의 상태를 잘 살펴봐야 한다. 그렇게 살펴봐서 만약에 양의 상태가 한 점 흠이 없다면 그 양은 잡아선 안 된다. 그 양은 하나님께 제사를 드릴 때 번

염소는 예수님 당시의 가장 큰 재산들이었다

제물로 사용 되어야 하기 때문이다.

어쨌든 이렇게 잡게 된 양과 송아지 염소는 먼저 가죽을 발라낸다. 이 가죽은 햇볕에 잘 말린 다음 나중에 옷을 만들어 입게 되는 것이다. 그런 다음 그 살점을 떼어서 소금에 버무려 잘 보관을 해 두게 되는데 이때 고기 중에서도 맛있는 부위는 따로 분리해 놓는다. 이것은 그 집의 가장이나 귀한 손님이 오셨을 때 내 놓는 것이다.

이 고기들은 스프를 끓일 때 사용되기도 하고 또 그 살점을 아주 잘게 썰고 양념에 묻힌 다음 경단처럼 동그랗게 주무른다. 그런 다음에 긴 쇠꼬챙이에 끼어서 나무 불 위에서 구워먹기도 하는데 이것을 케밥Kebap이라고 하고 양 고기를 구울 때는 다른 고기와는 다르게 반드시 포도나무 가지를 이용해서 불을 피웠다.

그렇다면 집에 양이나 염소 또는 송아지가 없는 집에서는 어떻게 고기를 먹었을까?

놀랍게도 비둘기 고기와 메뚜기를 많이 잡아서 불에 구워 먹었다. 비둘기 고기는 현재도 이집트나 요르단에서는 아주 인기 있는 구이 요리 중에 하나이다. 길을 가다 보면 음식점 진열장에 두 발을 하늘로 올리고 누워 있는 비둘기 고기를 자주 볼 수가 있는데 그 맛은 마치 닭고기와 비슷하다. 처음엔 먹기가 좀 그렇기는 하지만 일단 한번 그 맛을 본 뒤에는 쉽게 또 찾을 수가 있다. 이스라엘에서는 이렇게 새고기를 먹는 경우가 많았다.

그러나 아무 새나 모두 잡아먹는 것은 아니었고 레위기 11:13~19에 보면 독수리와 솔개와 물수리와 말똥가리와 까마귀와 타조와 갈매기와 올빼미와 부엉이와 황새와 백로와 박쥐와 같은 새들은 부정한 것들이라고 먹지 못하게 했다. 그래서 비교적 쉽게 볼 수 있고 쉽게 잡을 수 있는 비둘기 고기를 많이 먹는 것이다.

이스라엘 사람들에게 메뚜기 또한 단백질을 보충해 주는 아주 중요한 요리였다. 역시 레위기 11:22에 보면 메뚜기와 베짱이와 귀뚜라미는 잡아먹어도 된다고 했기 때문이다. 메뚜기를 잡아서 커다란 그릇에 넣고 올리브 오일을 두른 다음 소금과 후추를 적당량 뿌린 후에 달달 볶으면 요리는 끝이 난다. 메뚜기 요리는 식사 때에도 먹었지만 아이들의 간식에도 아주 훌륭한 먹거리였다.

2천 년 전의 이스라엘

거리에서 케밥을 만들고 있는 사람들

놀라운 것은 갈릴리 호수로 수영을 하기 위해 들어간다면 발바닥에 수많은 조개들이 밟힌다는 것을 알 수 있다. 어린아이의 주먹만한 크기의 조개들이 거의 자갈밭의 수준으로 호수 바닥에 얼마나 많이 깔려 있는지 모른다.

16.
갈릴리 호수에 널린 조개들

솔로몬이 예루살렘에 성전을 짓기 전에 하나님께 천 번의 제사를 드렸던 기브온Gibon에선 뜻하지 않은 것이 발굴 되었다. 그것은 그 당시 제사를 드릴 때 사용된 것으로 밝혀진 식기였는데 그 식기의 겉면에는 모양도 선명한 닭의 모습이 새겨져 있었던 것이다.

이것으로 보아 이스라엘에서 구약시대 때부터 닭을 키워 온 것으로 여겨지고 예수님 당시에 베드로가 예수님을 세 번씩이나 모른다고 부인했을 때에도 예루살렘에선 닭의 훼치는 소리가 들렸다고 성경엔 기록되어 있다. 이렇듯 이스라엘 사람들은 옛날부터 각 가정에서 앞마당에 몇 마리씩의 닭을 키워 왔다.

그 당시 베드로가 있었던 곳은 예루살렘의 부촌 중에서도 바로 가야바 제사장의 집 앞이었고 그곳에서 닭의 훼치는 소리가 들렸다면 예루살렘과 같은 복잡한 도시에서도 닭을 키웠다는 얘기가 되는 것이다. 예수님도 설교를 하실 때 닭과 관련된 말씀을 하신 적이 있다.

마태복음 23:37에 보면 "예루살렘아 예루살렘아 선지자들을 죽이고 네게 파송된 자들을 돌로 치는 자여 암탉이 그 새끼를 날개 아래에 모음같이 내가 네 자녀를 모으려 한 일이 몇번이더냐 그러나 너희가 원하지 아니하였도다" 라고 기록되어 있다.

고기가 부족한 지역에서 닭고기는 단백질을 보충해 주는데 아주 중요한 역할을 했다. 닭고기를 요리할 때는 우선 닭을 잡은 다음에 차가운 물에 푹 담가서 닭 속에 있는 피를 모두 빼야 했다. 만약에 닭고기 속에 조금이라도

갈릴리호수에서 고기를 잡고 있는 어부

피가 들어가 있으면 안 되기 때문이다. 그런 다음에 털을 모두 뽑고 길다란 쇠 꼬챙이로 닭의 몸을 관통해서 장작불 위에 올려 놓고 구워 먹는 것이다.

그런가 하면 닭고기를 뜨거운 물에 삶아서 먹기도 했는데 이때의 조리법은 마치 우리나라에서 닭백숙을 해 먹는 것과 그다지 방법적인 면에서 차이가 없었다. 뿐만 아니라 계란도 훌륭한 음식이었다.

욥기 6:6에 보면 욥이 자신의 고통에 대해서 이야기를 하면서 "싱거운 것이 소금없이 먹히겠느냐 닭의 알 흰자위가 맛이 있겠느냐 내 마음이 이런 것을 만지기도 싫어하나니 꺼리는 음식물 같이 여김이니라"라고 기록이 되어 있다.

예수님께서도 누가복음 11:11~12까지 보면 "너희 중에 아버지 된 자로서 누가 아들이 생선을 달라 하는데 생선 대신에 뱀을 주며 알을 달라 하는데 전갈을 주겠느냐"라고 말씀하셨다. 이 구절을 볼 때 그 당시 사람들 특히 아이들이 계란을 좋아했던 것을 알 수가 있는 것이다.

계란을 요리하는 법으로는 뜨거운 물에 삶아서 먹기도 했고 또 올리브 기름에 둘러서 먹는 계란 프라이도 즐겨 먹었고 계란을 풀어서 그 속에 생선을 넣어 요리를 하기도 했었다.

이스라엘 사람들에게 생선은 아주 대중적인 음식이었다.

물론 양고기나 쇠고기에 비하면 가격이 쌌지만 그렇다고 해서 또 쉽게 사 먹을 수 있는 것도 아니었다.

이스라엘에선 생선을 잡기 위해서 이스라엘의 서쪽 지역인 지중해 해안가로 배를 타고 나가서 바다고기를 잡는 방법이 있고 또 예루살렘에서 북쪽으로 한참이나 떨어져 있는 갈릴리 호수에서 생선을 잡아야 했다. 그런데 워낙 더운 지방이다 보니까 잡은 생선을 신선하게 보관하는 방법은 쉽지가 않았던 것이다.

그래서 지중해 주변에 있던 마을이나 갈릴리 호수의 근처에서 살던 사람들은 나름대로 생선의 형태를 갖춘 신선한 생선을 먹었지만 예루살렘이나 남쪽의 네게브 사막이 있는 브엘세바에서 살던 사람들은 가공된 생선만을 먹을 수가 있었던 것이다.

갈릴리 호수에서 어부들에 의해 잡힌 생선들은 일단 부둣가로 가져와서 즉석에서 내장을 드러내고 생선을 반으로 갈라 벌린 다음 소금을 뿌려서 뜨겁고 강한 햇볕에 말려서 먼 지방으로 운송해 갔던 것이다.

그러니까 생산지 이외의 지역에선 이렇게 말린 생선을 먹을 수 밖에 없었다는 얘기이다.

갈릴리 호수를 찾아간 성지 순례객들이라면 반드시 한번 쯤 맛을 보았을 갈릴리 지역만의 특산품인 베드로 고기라는 것이 있다.

베드로 고기는 원래 틸라피아tilapia라는 이름이 있다. 이 틸라피아 물고기는 일 년 열두달 어느 때나 모두 잡히는 것은 아니다. 주로 겨울철에만 잡히는 물고기라서 그런지 가격도 저렴한 편은 아니다. 나도 갈릴리 호수를 갈 때마다 이 베드로 고기를 먹어보지만 생각만큼 그다지 맛이 없다. 그런데 놀라운 것은 갈릴리 호수로 수영을 하기 위해 들어간다면 발바닥에 수많은 조개들이 밟힌다는 것을 알 수 있다. 어린아이의 주먹만한 크기의 조개들이 거의 자갈밭의 수준으로 호수 바닥에 얼마나 많이 깔려 있는지 모른다.

이렇게 갈릴리 호수에 조개가 많은 이유는 유대인들이 절대로 조개를 먹지 않기 때문이다.

레위기 11:9~12까지 "물에 있는 것중에 너희가 먹을 만한 것은 이것이니 강과 바다와 다른 물에 있는 모든 것 중에서 지느러미와 비늘이 있는 것은 먹되 물에서 움직이는 모든 것과 물에서 사는 모든 것 곧 강과 바다에 있는 것으로서 지느러미와 비늘 없는 모든 것은 너희에게 가증한 것이라" 라고 적혀 있기 때문이다.

그래서 이들은 조개뿐만 아니라 갈릴리 호수에서 굉장히 많이 잡히는 메기도 먹지를 않는다. 갈릴리 호수에서 잡히는 것은 아니지만 유대인들은 오징어나 문어도 먹지 않고 미꾸라지나 장어 그리고 새우도 먹지를 않는다.

물론 성경에 먹지 말라고 적혀 있기 때문이기도 하지만 오징어나 문어, 새우는 일단 잡은 다음에 보관하기도 어렵고 더운 날씨에 쉽게 상하기 때문에 잘못 먹었다가는 식중독에 걸리는 경우가 많기 때문이다.

예수님은 3년간의 공생애 기간 동안 주로 갈릴리 호수에서 활동을 하셨기 때문에 자연히 생선과 또 그 생선을 잡는 어부들과 관련이 많을 수밖에 없었다. 일단 예수님의 열두 제자 중에 베드로, 안드레, 빌립, 야고보, 요한, 도마, 나다나엘 이렇게 7명이 갈릴리 호숫가에서 고기를 잡는 어부들이었다. 그리고 예수님께서 설교를 하실 때에도 생선과 관련된 비유를 자주 사용하셨으며 예수님께서 베푼 기적 중에도 물고기와 관련된 것들이 많았다.

베드로가 잡았다는 일명 베드로고기

이스라엘 사람들은 식탁에 앉기 전에 반
드시 하는 것이 바로 손을 씻는 일이었다.

17.
독특한 식탁예절

레오나르도 다빈치가 그린 최후의 만찬이라는 그림에서는 예수님과 열두 명의 제자들이 한 테이블에 앉아 식사를 하는 장면이 그려져 있다. 이 그림을 자세히 보면 예수님과 제자들이 앉아 있는 식탁은 가슴 높이까지 올라오는 꽤 높은 식탁이며 예수님을 포함한 열세 명이 일렬로 나란히 앉아서 식사를 하는 형식으로 되어 있다. 식탁에는 하얀색 식탁보가 깔려 있고 중앙과 양옆에 커다란 접시가 있으며 각자의 앞에 작은 접시가 하나씩 놓여 있는 것을 볼 수가 있다.

그러나 이 그림을 그린 레오나르도 다빈치는 아마도 이스라엘을 한 번도 방문해 보지 않았거나 예수님 당시의 사람들이 어떤 자리에서 식사를 하였는지에 대한 연구를 하지 않고 그림을 그린 것 같다.

예수님 당시의 식탁은 이 그림에서 보는 것처럼 사람들이 의자에 앉아서 식사를 하는 형식이 아니었다. 일단 식탁은 의자에 앉을 만큼 높지가 않았다. 그냥 바닥에 앉아도 될 만큼의 높이였는데 식탁 앞에 앉은 사람들은 약간 비스듬히 누워서 편안한 자세로 식사를 하는 형식이었다. 그리고 식탁 위에는 현재 우리가 식사를 할 때 사용하는 수저나 젓가락도 없었고 포크와 나이프도 없었다. 그냥 손으로 직접 음식을 집어 먹는 것이다. 그래서 이스라엘 사람들은 식탁에 앉기 전에 반드시 하는 것이 바로 손을 씻는 일이었다.

특히 오른손을 중요시 여기고 잘 씻었는데 물이 담긴 작은 그릇을 왼손으로 든 다음에 오른손을 손가락에서부터 손목까지 흘러 내려서 씻는다. 그런 다음에 똑같은 방식으로 물 컵을 오른손으로 잡고 다시 왼손을 씻어 낸다. 이때 사용하는 물 컵에는 그래서 양쪽에 손잡이가 달려 있다. 오늘날 우리가 사용하는 주전자의 작은 형태인데 한쪽에만 손잡이가 있는 것이 아니라 양쪽에 손잡이가 달려 있는 것이다. 그 당시 바리새인들은 이렇게 음식을 먹기 전에 손을 씻는 일을 매우 엄격하고 절차를 철저하게 지킬 것을 강조했다.

하지만 예수님은 이런 형식적인 청결의식을 그다지 중요하게 생각하지 않

유대인들이 손을 씻을 때 사용하는 손잡이 두개 달린 컵

왔던 가 보다.

누가복음 11:37~38에 보면 "예수께서 말씀하실 때에 한 바리새인이 자기와 함께 점심 잡수시기를 청하므로 들어가 앉으셨더니 잡수시기 전에 손 씻지 아니하심을 그 바리새인 보고 이상히 여기는지라" 그러자 마가복음 7:5에선 바리새인들이 예수님께 항의하는 장면이 나온다. "바리새인과 서기관들이 예수께 묻되 어찌하여 당신의 제자들은 장로들의 전통을 준행하지 아니하고 부정한 손으로 떡을 먹나이까"

그러나 예수님은 누가복음 11:39에 이렇게 대답을 한다. "주께서 이르시되 너희 바리새인은 지금 잔과 대접의 겉은 깨끗이 하나 너희 속에는 탐욕과 악독이 가득하도다"

이렇게 손을 씻은 후에 식탁 앞에 앉게 되는데 식탁에는 그 집안의 어른이 앉는 상석이 따로 정해져 있었으며 상석에 어른이 앉은 다음에 그 밑의 사람들이 차례대로 식탁에 앉게 된다. 그리고 제일 먼저 하는 것이 감사의 기도를 드리는 일이다.

"이렇게 음식을 먹을 수 있도록 해 주신 하나님께 감사를 드리고 음식에 축복을 합니다"

이런 축복의 기도는 예수님께서도 하셨다.

마가복음 6:41에 보면 "예수께서 떡 다섯 개와 물고기 두 마리를 가지사 하늘을 우러러 축사하시고 떡을 떼어 제자들에게 주어 사람들에게 나누어 주게 하시고 또 물고기 두 마리도 모든 사람에게 나누시매"라고 기록되어 있다.

예수님은 기적을 행하시기 위해 축사를 따로 일부러 하신 것이 아니라 이들은 식사를 하기 전에 반드시 그 음식에 대해 축사를 하는 일을 당연히 해 왔던 것이다. 그런 다음에 식탁에 앉은 어른부터 먼저 빵을 먼저 손으로 잡고 뜯어서 그 조각을 스프가 담긴 그릇에 담가 빵에 스프를 찍어 먹는다. 그럼 상석에 앉은 사람이 이런 행동을 먼저 하게 되고 그 다음 사람들이 따라서 빵을 손으로 뜯고 스프를 찍어 먹는다. 이때 누군가가 상석의 어른이 스프에 빵을 찍어 먹는데 같이 빵을 뜯거나 같이 스프에 빵을 찍어 먹는 행위를 하는 것은 일종의 버릇없는 행위이고 또 결례가 되는 것이다.

그런데 예외가 있다. 그 집안에 손님이 찾아오게 되면 그 손님의 상석에 앉은 사람과 함께 스프에 빵을 찍어 먹을 수 있다. 손님에 대한 일종의 배려라고 할 수 있는 것이다.

그런데 놀라운 것은 예수님께서 제자들과 최후의 만찬을 하실 때 예수님이 빵을 들어 스프에 찍으려고 할 때 예수님의 제자였던 가롯 유다도 동시에

쿰란 공동체의 식사장면

2천 년 전의 이스라엘

빵을 들어 스프에 담갔다는 것이다. 이것은 그 당시의 식탁 예절에 비추어 봤을 때 정말 버릇없는 행동이고 또 결례와 같은 것이었다. 그런데도 예수님은 가룟 유다의 그런 버릇없는 행동에 대해서는 단 한마디도 하지 않으셨다.

그것은 어찌 보면 예수님께서 가룟 유다의 행동을 버릇없다고 생각하기보다는 그만큼 배려했다고 볼 수도 있는 것이다. 그런 배려를 받았던 가룟 유다는 결국 자신의 스승인 예수님을 가야바 제사장에게 넘기는 배신의 행위를 하고 말았다.

이들은 식사 시간을 매우 중요하게 여겼기 때문에 한번 식사를 할 때마다 두 시간에서 세 시간 정도가 걸릴 정도로 식사 시간이 길었다. 단지 음식만 먹고 허기를 채우는 시간이 아니라 식사를 하면서 이런 저런 이야기를 나누는 경우가 많았기 때문이다.

전 세계적으로 아마도 식사시간에 이야기를 가장 많이 하는 민족은 아마도 유대민족이 아닐까 하는 생각이 들 정도로 참 많은 이야기를 한다. 심지어는 결혼식과 같은 가족의 잔치가 벌어지는 식사시간은 다섯 시간이 걸릴 정도이니까 이들의 식사 시간은 또 하나의 삶의 중요한 부분을 차지하게 되는 것이다.

식사를 모두 마친 다음에 이들은 식사를 하기 전처럼 또 다시 손을 씻어야 한다.

나사렛의 저녁풍경
예수님이 태어나신 마굿간은 지하동굴이었다
옥상은 또 다른 생활 공간
예루살렘의 불에 탄 집
열세 명이나 들어갔던 다락방
집안의 욕조
가정집의 지하창고

03

그들은 어디서 살았을까?

나사렛에 있었던 마리아의 집은 흙벽돌이
나 돌벽으로 지어진 제대로 모양을 갖춘
집이 아니라 땅을 파고 들어가서 살아가
는 동굴집이었다.

18.
나사렛의 저녁풍경

이 세상에는 어떤 나라를 막론하고 빈부의 격차는 있게 마련이다. 어떤 사람은 넓은 평수의 집에서 사는 사람이 있는가 하면 어떤 사람은 자기의 집도 없이 판자촌에서 겨우 하늘만 가리고 살아가는 사람도 있다.

물론 예수님 당시 이스라엘에도 역시 빈부의 격차가 있었고 그런 빈부의 격차는 곧바로 그들이 살고 있는 집의 규모를 통해서도 드러나게 된다. 예루살렘 성안에서도 성전의 제사장이나 로마 총독과 가깝게 지내는 유대인들은 성전과 가까우면서도 조금 높은 지대에 살고 있었다. 그들의 집은 우리가 상상하는 것 보다도 훨씬 잘 살았다. 다른 일반 사람들의 집에는 없는 목욕탕이 집안에 있었고 집도 이층으로 되어 있어서 계단을 통해 윗층과 아래층을 올라 다니는 집도 있었다. 물론 거실의 바닥엔 아주 화려하고 아름다운 모자이크가 장식되어 있기도 했었다. 대개가 이런 집에는 집안일을 도와주는 일꾼들이 많았다. 그런가 하면 같은 예루살렘 성안에서도 아래 지역에 살

고 있는 사람들은 평범한 집안에서 살고 있었는데 그들의 집은 그저 방과 부
엌정도만 있는 집의 크기였다.

놀랍게도 현재 예루살렘의 올드시티 안에 들어가면 예수님 당시의 부잣
집 집안 내부의 모습과 평범한 일반인의 집 내부가 모두 발굴되어 일반인들
에게 공개되어 있다.

그러나 예루살렘 성안의 내부는 역시 성전이 있었던 곳으로 아무리 빈부

예루살렘의 부잣집

의 격차가 있다고 하더라도 성 밖에 살고 있는 사람들에 비하여 비교적 잘 살고 있는 집이었다. 예루살렘 성문만 벗어나면 예루살렘 성안과는 하늘과 땅 차이로 엄청나게 가난하고 힘들게 살아가는 사람들이 널려 있었던 것이다.

이들이 살고 있는 집은 예루살렘 성안의 집과는 전혀 다른 모습이다. 동물의 가죽으로 천막을 치고 살거나 그 동물의 가죽마저 없었던 사람들은 경사가 진 언덕배기에 땅을 파고 들어가서 마치 동굴처럼 만들어 놓고 그 안에서 살림을 하며 살아가는 사람들도 있었다. 돌벽으로 만든 집이나 흙벽으로 집을 짓고 살아간다는 것은 상상도 할 수 없는 사치였다.

예루살렘이 이럴진데 예루살렘에서 멀리 떨어진 지방의 경우는 과연 어땠을까? 예수님께서 어린 시절을 보내셨던 나사렛을 한 번 가보자.

나사렛은 지금이야 전 세계에서 찾아온 성지 순례객과 관광객이 찾아오는 아주 꽤 큰 규모의 지방도시가 되어 있지만 예수님 당시에는 그야말로 이름도 없는 아주 작은 시골마을이었다. 그래서 예수님이 예루살렘의 가야바 제사장 앞으로 끌려 왔을 때에도 가야바 제사장은 나사렛이 도대체 어디에 있는 동네인지도 잘 몰랐다. 그 정도로 예루살렘 사람들에게는 알려지지 않은 시골마을이었으니 그 마을의 집들은 어느 정도였을까?

현재 나사렛에 가보면 수태고지 교회라는 아주 꽤 큰 규모의 현대식 건물로 된 교회가 있다. 이 교회는 말 그대로 마리아에게 천사 가브리엘이 나타나 곧 성령으로 잉태되어 아기를 낳게 될 거라는 사실을 알려준 바로 마리아의 집터이다. 그래서 수태를 알려주었다는 수태고지 교회라고 이름이 붙여진 것이다.

이 교회 안으로 들어가면 일층 중앙에 밝은 조명으로 비쳐지는 작은 동굴이 하나 있고 많은 성지 순례객들이 바로 이 동굴 앞에서 무릎을 꿇고 기도를 한다. 이 동굴이 예수님이 태어날 당시 마리아가 살고 있던 그 동굴집이라는 것이다.

나사렛에 있었던 마리아의 집은 흙벽돌이나 돌벽으로 지어진 제대로 모양을 갖춘 집이 아니라 땅을 파고 들어가서 살아가는 동굴집이었다. 말이 동굴집이지 동굴 안에서 사람이 살아간다는 것은 정말 쉬운 일이 아니다. 동굴 안은 공간도 협소할 뿐만 아니라 독립된 공간을 따로 여러 개 만들 수가 없다. 동굴이다 보니 자연 채광도 제대로 이루어질 수가 없을 뿐만 아니라 환기도 제대로 되지를 않는다.

어둡고 칙칙하고 청결은 아예 상상할 수도 없는 일이다.

마리아의 집만 그런 것이 아니었다. 마리아의 집 바로 옆에 살고 있던 요셉의 집 역시 마찬가지였다. 그 당시 나사렛의 집 구조는 대체로 이런 식이었다. 변변한 건물도 없었고 여기저기 언덕배기에 동굴을 파고 들어갔으며 그 입구엔 천으로 된 문이 흔들거렸다.

저녁이면 음식을 만들기 위해 동굴 밖으로 나온 여인들이 여기저기서 불을 피워 음식을 만들기도 하는 모습이 나사렛의 저녁 풍경이었다.

나사렛의 동굴집

19.
예수님이 태어나신 마굿간은
지하동굴이었다

베들레헴에 가면 예수탄생 기념 교회 Nativity church라는 곳이 있는데 이곳도 역시 이스라엘을 찾는 성지 순례객이라면 반드시 들르는 곳이기도 하다.

인류의 역사를 BC와 AD로 나누었던 역사적인 장소, 우리 인류를 죄악에서 구원하시고자 하나님의 외아들이 인간의 모습으로 태어나신 곳을 찾아가지 않을 수가 없다.

그런데 우리 모두가 알다시피 예수님은 시설 좋은 호텔방에서 태어나신 것도 아니고 또 시설 좋은 조산원에서 태어나신 것도 아니다. 베들레헴의 한 여관, 그 여관에서도 사람들이 잠을 자는 객실이 아니라 그 여관방을 찾는 손님들이 끌고 온 가축들이 머무는 마굿간에서 예수님은 태어나셨다.

우리는 흔히 성탄절이 되면 마굿간에서 태어나 말구유에서 곤히 잠자고 있는 아기 예수님에 대한 그림을 자주 보게 된다. 그 그림에는 방금 전 출산을 마친 마리아와 요셉이 곤히 잠자고 있는 아기 예수님을 아주 온화한 표정으로 물끄러미 내려다보고 있는 모습이 그려져 있다.

그리고 그 옆에는 아기 예수의 탄생을 듣고 멀리 들판에서 달려온 목자들과 동방 박사 세사람이 역시 마리아와 요셉의 등 뒤에서 아주 흐뭇한 모습으로 내려다보고 있는 모습을 보게 된다.

이때의 분위기는 비록 마굿간이라고는 하지만 아주 포근하고 아늑한 분위기이다. 아기 예수를 축복하는 하늘의 음성이 금방이라도 이 마굿간을 휘감을 것 같은 아주 환상적인 분위기를 자아낸다. 역시 아기 예수님은 이 세상의 모든 축복과 축하를 받으며 태어나 이 세상에서 가장 평온한 모습으로 잠들어 있다.

하지만 진짜 베들레헴의 마굿간이 이렇게 아름답고 아늑한 분위기였을까?

그것은 그저 그림을 그려낸 화가가 미처 베들레헴의 마굿간을 가보지 못하고 또 베들레헴의 마굿간이 어떤 곳인지도 전혀 알지 못한 채 화가의 집 주변에 있는 아늑한 분위기의 마굿간을 머릿속에 연상하면서 그림을 그린 것이 아닌가 생각이 된다.

자, 그럼 저와 함께 베들레헴의 마굿간으로 다시 가 볼까?

현재 베들레헴의 예수탄생 기념교회를 찾아가서 안으로 들어가 보면 넓은 회랑이 나온다.

그리고 그 회랑의 맨 앞쪽에는 미사를 드리고 예배를 드릴 때 사제가 올라가는 제단이 나오는데 우선 1층만 보면 도무지 예수님께서 태어나신 마굿간이 어디 있는지 알 길이 없다.

그러나 그 제단의 오른쪽으로 돌아가 보면 제단 아래를 향해 내려가는 작은 계단이 나오고 그 계단을 따라서 밑으로 내려가면 오른쪽으로 작은 동굴 같은 것이 하나 나온다. 이 동굴은 그다지 깊이가 깊지가 않다. 어떻게 보면 동굴이라고 하기 보다는 한 사람이 겨우 들어갈 정도의 작은 공간이라고 하는 것이 더 나을지도 모른다. 바로 이곳이 예수님께서 태어나신 바로 그 장소이며 요셉과 마리아가 머물렀던 여관의 마굿간 자리이다.

그렇다. 예수님이 태어날 당시 베들레헴의 마굿간이란 이렇게 지하에 땅을 파고 들어간 작은 동굴의 형태를 띠고 있다. 사실 이스라엘은 베들레헴 뿐만 아니라 전 지역에 걸쳐서 크고 작은 동굴이 많은 지리적 특성을 갖고 있다.

그래서 이스라엘의 여러 성지를 찾아다니다 보면 동굴과 관련된 곳이 많이 있다. 겟세마네 동산에서 예수님께서 제자들에게 주기도문을 가르쳐 주신 곳도 동굴이었고 또 엘리야가 갈멜산에서 바알과 아세라 선지자들과 싸운 이후 도망쳐 숨어 있었던 곳도 역시 동굴이었다.

2천 년 동안 고이 간직되었던 성경사본이 발견 된 곳도 쿰란의 동굴이었다. 이렇게 이스라엘은 전 지역에 걸쳐서 크고 작은 동굴이 많았는데 베들레헴은 유난히 동굴이 더 많았다.

그래서 베들레헴 사람들은 동굴에서 살림을 차리고 살아가는 경우도 많았고 특히 돈을 받고 사람들을 잠재우는 숙박업소의 경우엔 그냥 동굴에서 잠을 재

예수님이 태어나신 마굿간 동굴

우는 것이 아니라 동굴 위에 흙벽돌로 집을 짓고 여관을 만드는 경우가 있었다.

그리고 베들레헴엔 목초 지역이 참 많았다. 그래서 양떼를 키우며 젖을 짜내 판매를 하거나 양고기를 내다 파는 사람도 많았다. 목축업은 베들레헴 마을의 아주 중요한 수입원인 셈이었다. 양떼들은 밤이 되어도 그냥 들판의 울타리 안에서 잠을 재우면 되었지만 문제는 양떼들 사이에 있던 염소들이었다. 염소는 아침 이슬을 맞게 되면 쉽게 질병에 걸리기 때문에 밤이슬을 피해야 했는데 바로 이 염소들을 가두는 곳이 바로 지하 동굴이었다.

그리고 그 지하 동굴 바로 위에 살림집을 만들었던 것이다. 그래서 베들레

쉐펠라 지역에서 아직도 사용되고 있는 동굴 축사

헴에 있는 대개의 가정집의 지하엔 이렇게 크고 작은 동굴이 있었고 그 동굴 안에는 가축들이 몇 마리씩 들어가 있는 구조였다 지하 동굴에 가축이 있다는 것은 말처럼 낭만적인 일은 절대로 아니다.

특히 예수님이 태어나셨던 여관의 지하 동굴은 늘 여러 종류의 크고 작은 동물들이 있었다.

당연히 청소는 제대로 이루어질 수가 없었다. 동물들이 쏟아낸 배설물들이 여기 저기 널려있었고 그 배설물에서 나온 가스와 냄새는 동굴 안을 진동했다. 그래서 아마도 그 여관의 주인조차도 지하 동굴엔 얼굴도 들이 밀기를 꺼려 했을 것이다. 악취가 이루 말할 수 없었기 때문이다.

더군다나 지하 동굴이다 보니 햇빛도 전혀 들지 않았다. 동물들의 배설물로 인해 늘 습기로 가득했고 동물들의 먹이로 인해 바닥은 질척이는 곳이었다. 도무지 맨 정신을 가진 사람이라면 한 순간이라도 들어가서 숨을 쉴 수가 없는 곳이 바로 이 여관의 지하 동굴이었다.

물론 요셉과 마리아가 그런 지하 동굴이라도 좋으니 잠만 재워 달라고 했을 때 아마도 그 여관 주인은 그곳에 마르고 깨끗한 지푸라기들을 지하 동굴의 바닥에 깔아 주었을지도 모른다.

하지만 아무리 그래도 그곳에서 풍겨 나오는 악취는 어쩔 수가 없었을 것이다. 이런 곳에서 만삭의 임산부가 들어가 잠을 잔다는 것은 그야말로 위험천만한 일이 아닐 수 없다.

그러나 도무지 다른 방법은 없었다. 들판에서 잠을 자던 목동들이 모닥불을 피워야 했을 정도로 밤공기가 찼기 때문에 마리아가 잠들 수 있는 곳은 이곳 지하 동굴 밖에 없었을 것이다.

베들레헴은 그래도 예루살렘과 가까운 곳이었기 때문에 나사렛의 동굴 집처럼은 아니지만 그래도 지하 동굴 위에 집을 지을 정도로 진보된 형태였다. 그러나 베들레헴의 집은 아주 특이한 형태의 특성을 갖고 있었다.

목자들이 잠들어 있던 동굴

20.
옥상은 또 다른 생활 공간

크리스마스 시즌이 되면 서로 주고받는 크리스마스 카드에 그려진 베들레헴의 집 모양을 자주 볼 수가 있는데 아마도 이 그림은 나름대로 역사적인 고증을 거쳐서 그린 그림들일 것이다.

그런데 베들레헴의 집을 그린 모습을 자세히 보면 그들의 집은 한결같이 지붕이 삼각형이 아닌 그냥 네모난 상자형태의 모습을 보게 된다 그리고 중간 중간에 마치 돔 형태의 지붕도 보게 된다. 이것이 바로 이스라엘의 가정집의 일반적인 모습이다.

이런 모습의 가정집은 오늘날 이스라엘에 가도 어느 곳에서나 쉽게 볼 수가 있는데 물론 예수님 당시의 가정집 보다는 훨씬 더 세련되고 견고한 모습의 주택 구조이지만 어쨌든 외형적으로 봤을 때는 그때나 지금이나 그다지 큰 차이가 없다.

가장 중요한 것은 이스라엘 지역의 가정집은 지붕이 우리처럼 기와로 되어 있거나 삼각형 모양의 지붕이 아니라는 것이다. 삼각형 모양의 지붕은 비가 많이 오는 지역의 지붕 모양이다. 그러나 이스라엘 땅은 여름철에는 아예 비를 한 방울도 볼 수 없을 만큼 비가 오지 않는 지역이다.

비가 조금 오는 겨울철 우기 때에도 장마가 질 정도로 비가 많이 오지 않기 때문에 굳이 쏟아지는 빗물을 아래로 쓸어 내려야 할 이유가 없기 때문에 삼각형의 지붕을 사용하지 않는 것이다. 그 대신 그렇게 평평한 모양의 지붕은 이스라엘 사람들이 아주 유용하게 사용하는 또 다른 공간인 것이다.

따뜻한 오후에는 이스라엘의 여인들이 지붕에 올라가 빨래를 널어서 말리거나 여러가지 과일들을 뜨거운 햇볕에 말리기도 했었다. 마치 우리나라의 시골에서 고추를 앞마당에 널어서 말리듯이 말이다. 이스라엘의 주부들에겐 평평한 지붕이 또 하나의 살림 공간이나 다름 없었다.

나사렛 밀리지에 만들어 놓은 2천 년 전의 유대인 가정집

그리고 베드로는 지붕에 올라가서 기도하는 일도 했었다. 사도행전 10:9을 보면 "이튿날 그들이 길을 가다가 그 성에 가까이 갔을 그 때에 베드로가 기도하려고 지붕에 올라가니 그 시각은 제 육시더라" 라고 적혀 있다. 해가 질 무렵 지붕은 다른 사람들의 방해를 받지 않고 조용히 기도하기엔 아주 안성맞춤인 장소였던 것이다.

만약에 이스라엘의 가정집 지붕이 마치 우리나라의 지붕처럼 삼각형으로 되어 있는 것이라면 과연 베드로가 위험을 감수하면서까지 그런 곳에 올라가서 기도를 할 수가 있었을까?

이스라엘의 가정집 지붕이 평평하다는 것을 알려 주는 성경의 이야기가 또 있다. 누가복음 12:3을에 보면 "이러므로 너희가 어두운데서 말한 모든 것이 광명한 데서 들리고 너희가 골방에서 귀에 대고 말한 것이 지붕 위에서 전파되리라" 라고 적혀 있다. 지붕 위에서 전파 된다는 것은 그 당시에 동네의 많은 사람들에게 동시에 전할 일이 있으면 지붕에 올라가서 사람들에게 큰 소리로 외치는 일들이 많았다는 것이다. 그만큼 지붕은 학교 운동장의 구령대와 같은 역할을 하기도 했었다는 얘기이며 이스라엘 가정집의 지붕은 단순한 지붕이 아니라 옥상과 같은 역할을 했다는 것이다.

주부들은 곡식과 젖은 빨래를 햇볕에 말리기 위해 하루에도 몇 번씩 자주 올라가고 또 베드로와 같은 사람들은 기도하기 위해 올라가고 또 사람들에게 말을 전하기 위해 올라가기도 하고 그만큼 지붕은 사람들이 자주 찾는 그런 곳이었다.

이렇게 지붕에 자주 올라가기 위해선 지붕으로 올라가는 사다리가 있어야 했다. 그래서 예수님 당시의 가정집 안에는 지붕으로 올라가는 사다리가 한 두개 씩은 모두 있었다.

집안의 구조가 복잡하고 방이 여러 개 있지는 않을망정 지붕으로 올라가는 사다리는 반드시 있어야 했다.

물론 요즘의 이스라엘 가정집에는 지붕으로 올라가는 계단이 있었지만 그 당시엔 계단 보다는 나무를 연결해서 만든 사다리가 꼭 한 두개 씩 있었다는 것이다. 이렇게 사람들이 자주 올라가는 지붕, 그래서 지붕에만 올라가도 옆집 사람을 만날 수가 있었고 또 대화를 하면서 서로 안부를 묻기도 하곤 했었다.

그런데 더 재미있는 것은 그렇게 집과 집이 서로 가까이 붙어 있을 때에는 지붕과 지붕 사이에 사다리를 연결하고 나무로 된 다리를 연결하여 또 다른 길이 만들어졌다. 그게 바로 지붕길이라는 것이다. 겨울철에 비가 내려서 땅이 질퍽거리면 사람들은 이 지붕길을 이용해서 다니기도 했었고 지붕을 통

예수님 당시의 예루살렘 전통모습

해 이 집에서 저 집으로 이동하기도 했었다.

그런가 하면 구약시대에는 지붕에서 우상을 숭배하는 일도 있었다.

예레미야 19:13을 보면 "예루살렘 집들과 유다 왕들의 집들이 그 집 위에서 하늘의 만상에 분향하고 다른 신들에게 전제를 부음으로 더러워졌은 즉 도벳 땅처럼 되리라 하셨다 하라 하시니..."라고 적혀 있다.

이렇게 길로도 사용하고 빨래와 곡식을 널기도 하고 기도도 하고 또 우상을 숭배할 정도의 공간인 지붕은 과연 얼마나 견고하길래 그 모든 일들이 가능했을까?

여러 사람이 한꺼번에 올라가도 무너지지 않을 수 있을 만큼 이라면 아주 견고했을 것 같은데 그러나 사실 그들이 만드는 지붕은 그다지 견고하다고 볼 수가 없었다. 사방에 쌓아올린 흙벽돌 위에다 그저 종려나무 가지를 가로 질러 놓은 다음에 그 틈 사이에 진흙으로 메우고 돌을 굴려서 평평하게 만드는 형식으로 만든 것이다. 그러다 보니 비가 조금이라도 내리게 되면 진흙 속에 숨어 있던 잡초의 씨앗들이 싹을 내서 지붕에서 잡초가 자라기도 했었던 것이다.

그래서 시편 129:6을 보면 다윗이 이런 기도를 한다.

"그들은 지붕의 풀과 같이 지어다 그것은 자라기 전에 마르는 것이라" 물론 이렇게 약간은 허름하게 만들어진 지붕이기는 하지만 그래도 사람들이 자주 올라가는 장소인데 그러다 보면 지붕에서 사람들이 실수로 인해 떨어지는 경우도 있다.

아무리 이스라엘의 가정집 규모가 작다고 하더라도 그래도 명색이 지붕인데 지붕에서 사람이 떨어진다면 부상을 입기 마련이다. 그래서 신명기 22:8을 보면 "네가 새 집을 지을때에 지붕에 난간을 만들어 사람이 떨어지지 않게 하라 그 피가 네 집에 들어갈까 하노라" 라고 적혀 있다.

그리고 성경에 보면 이스라엘의 가정집 지붕과 관련된 아주 재밌는 사건이 소개가 되는데 마가복음 2:1~4까지 보면 "수 일 후에 예수께서 다시 가버나움에 들어가시니 집에 계시다는 소문이 들린지라 많은 사람이 모여서 문 앞까지도 들어설 자리가 없게 되었는데 예수께서 그들에게 도를 말씀하시더니 사람들이 한 중풍병자를 네 사람에게 메워 가지고 예수께로 올새 무리들 때문에 예수께 데려갈 수 없으므로 그 계신 곳의 지붕을 뜯어 구멍을 내고 중풍 병자가 누운 상을 달아 내리니..."라고 적혀 있다.

안 그래도 좁은 집안에 예수님과 그의 제자들 그리고 소문을 듣고 찾아온 수많은 사람들이 들어차 있으니 그 장면은 보지 않아도 얼마나 북적거리고 난리였을까 상상을 할 수가 있게 된다.

아마도 예수님의 얼굴을 보기 위해서라면 집안으로 사람들을 비집고 들어가도 겨우 볼 수 있을까 말까 한 상황인데 그 와중에 들것에 실린 환자가 방안으로 들어간다는 것은 불가능한 일이었을 것이다. 그때 환자를 데리고 온 사람들이 생각해 낸 것이 바로 옆집을 통해 지붕으로 올라가고 지붕 길을 이용해서 예수님이 계신 집의 지붕 위로 옮겨 가는 것이다.

그런 다음 환자가 누워 있는 들것을 지붕으로 올라오는 작은 사다리의 구멍을 통해 내려야 하는데 구멍이 작아서 들것이 내려가지 못하게 되자 결국은 작은 구멍에 더 크게 뚫어서 넓힌 다음 들것을 내리게 한 것이다. 아마도 이 때 예수님은 방안에 계시다가 갑자기 지붕에서 쏟아지는 진흙가루를 머리와 어깨에 전부 뒤집어 쓰셨을 지도 모르는 일이다.

어쨌든 이렇게 이스라엘의 가정집 지붕은 이스라엘 사람들에겐 아주 특별한 장소이자 또 하나의 통로였음은 분명하다. 늘 사람들이 오가고 북적이는 지붕, 그래서 예수님은 마지막때에 일어날 일에 대해서 이런 말씀을 또 하셨나 보다.

"그러므로 너희가 선지자 다니엘이 말한 바 멸망의 가증한 것이 거룩한 곳에 선 것을 보거든 그 때에 유대에 있는 자들은 산으로 도망할지어다 지붕 위에 있는 자는 집 안에 있는 물건을 가지러 내려 가지 말며 밭에 있는 자는 겉옷을 가지러 뒤로 돌이키지 말지어다(마 24:15-18)

번트 하우스야말로 예수님이 활동하시던 시절에서 약 40년 뒤의 예루살렘의 한 가정집이 어떤 구조로 되어 있는지 그리고 어느 정도의 규모였는지를 한눈에 쉽게 이해할 수 있는 곳이기 때문이다

21.
예루살렘의 불에 탄 집

예루살렘의 올드시티 그 중에서도 유대인 구역이라는 곳에 가면 아주 특이한 박물관을 발견할 수 있다. 그 박물관의 이름은 바로 번트 하우스Burnt house라는 곳인데 번트 하우스라는 말은 말 그 대로 불에 탄 집이라는 뜻이다.

AD 70년 경 예루살렘은 로마에 의해서 예루살렘 중앙에 있던 성전이 모두 무너지고 예루살렘의 가정집을 비롯한 모든 건물들은 불에 타고 만다. 그야말로 삽시간에 예루살렘이 멸망하게 된 것이다. 그렇게 불이 타버린 예루살렘은 그 후에 전혀 복구가 되지를 못하고 그대로 흙에 묻혀서 역사 속으로 사라지게 된다.

이 번트 하우스라는 박물관은 그때 당시에 불에 타버린 예루살렘의 한 가정집이 2천 년이 지난 최근에 발굴이 되어 박물관으로 일반인들에게 공개된 곳이다. 이 번트 하우스라는 박물관을 여러분께 소개하는 이유는 번트 하우스야말로 예수님이 활동하시던 시절에서 약 40년 뒤의 예루살렘의 한 가정집이 어떤 구조로 되어 있는지 그리고 어느 정도의 규모였는지를 한눈에 쉽게 이해할 수 있는 곳이기 때문이다.

번트 하우스 박물관 안으로 들어가면 중앙에 2천 년 전에 불에 탄 가정집의 모습이 그대로 한눈에 들어온다. 박물관에 찾아온 관람객들은 주변에 있는 좌석에 앉아서 박물관 내부에 설치되어 있는 스피커를 통해 자세한 설명을 듣게 되는데 설명의 내용에 따라서 그 부분을 조명을 비춰 주기 때문에 아주 자세하게 알 수가 있다.

우선 제일 먼저 설명되는 것이 바로 주방 부분이다. 주방엔 그때 당시에 그릇에 담은 고기나 야채를 불에 삶고 구웠을지 모르는 아궁이가 보인다. 그런데 놀라운 것은 그 박물관의 한 켠에 마련된 전시대에 이 번트 하우스가 발굴되던 당시에 함께 발굴된 새까맣게 불에 그을린 곡식들이 전시되어 있다는 것이다.

불에 탄 곡식은 아마도 이 집의 주인이 음식을 만들기 위해 준비해 놓았

불에 탄 집

던 것일지도 모른다. 주방은 그다지 큰 규모가 아니다. 그리고 그 주방 옆에는 작은 규모의 방이 있는데 말이 방이라고 하는 것이지 그 방안에는 특별한 것이 없다. 그저 사각형으로 된 공간을 만들어 놓은 것이다.

이스라엘의 일반적인 가정집은 구조적으로도 복잡하거나 화려하지가 않다. 그저 밤에 들어가서 잠만 자는 공간으로 집을 이용했기 때문에 집안이라고 해서 특별히 가구가 있다거나 이층으로 올라가는 계단이 있다거나 하지 않다. 아주 단순하고 간단하게 되어 있다. 그래서 예수님 당시의 가정집의 모습에 특별한 것을 기대하고 번트 하우스 박물관에 들어가게 된다면 어쩌면 실망을 하게 될 수도 있다.

하지만 이 박물관에서 보여 주고 있는 가정집은 분명히 예수님 당시의 실제 가정집이며 이 가정집에서 함께 발굴된 각종 유리그릇과 쇠붙이로 된 부엌 살림들을 눈으로 직접 볼 수가 있기 때문에 만약에 예루살렘을 방문하게 된다면 이 번트 하우스 박물관을 꼭 한번 들러 볼 것을 추천하고 싶다.

예수님이 열두 제자들과 함께 최후의 만
찬을 했던 마가의 다락방이라는 곳이 있
는데 예수님은 열두 명의 제자들과 함께
유월절 저녁 식사를 할 정도의 다락방이
라면 도대체 얼마나 큰 공간일까?

22.
열세 명이나 들어갔던
다락방

예루살렘의 올드시티는 아랍인 구역과 유대인 구역 그리고 크리스천 구역과 아르메니안 구역으로 나뉘어져 있다. 황금사원을 중심으로 본다면 황금사원의 서쪽지역이 아랍인 구역이 되고 황금사원의 남쪽에 유대인 구역이 있다. 그런데 유대인 구역은 예루살렘의 올드시티 안에서도 약간 높은 고지대에 속해 있다.

유대인 구역의 뒤쪽에 바로 시온산이 있기 때문에 통곡의 벽 광장에서 유대인 구역으로 가자면 수십 개의 계단을 올라가야 하는 언덕 위에 있는 것이다. 그래서 한여름에 통곡의 벽에서 유대인 구역을 가자면 약간 숨이 차고 땀도 제법 나기도 한다. 유대인 구역에 있는 유대인 가정집의 옥상에 올라가면 통곡의 벽 너머에 있는 황금사원이 한눈에 들어오고 어떤 집에서는 황금사원의 앞마당에서 아랍 사람들이 머리를 땅에 대고 절을 하며 예배를 드리는 모습도 볼 수가 있을 정도이다.

이렇게 표현하면 좀 어떨지 모르겠지만 예루살렘의 올드시티 안에서도 낮은 곳에는 살림살이가 어려운 아랍 사람들이 살고 있고 높은 곳에는 경제적으로 여유가 있는 유대인들이 살고 있다는 것이다.

그런데 놀라운 것은 지금으로부터 2천 년 전 예수님 당시에도 바로 이 유대인 구역이 그 당시 부유한 사람이 살던 동네라는 것이다. 돈이 많아서 집을 좀 크게 짓고 사는 사람이 살거나 아니면 빌라도 총독과 가깝게 지내는 권력층 사람들, 그리고 가야바와 같은 성전의 제사장 같이 그 당시 예루살렘에서 입김이 좀 세다고 하는 사람들이 주로 살았던 부촌이었다는 것이다.

그래서 지금도 이 유대인 구역에 보면 예수님이 열두 제자들과 함께 최후의 만찬을 했던 마가의 다락방이라는 곳이 있는데 예수님이 열두 명의 제자들과 함께 유월절 저녁 식사를 할 정도의 다락방이라면 도대체 얼마나 큰 공간일까?

그런데 그 집이 바로 마가의 집이었다. 예수님을 포함해서 열세 명 씩이나 한꺼번에 식사를 할 만한 공간을 다락방으로 둔 집도 바로 이 유대인 구역에 있다는 얘기이다.

예수님 당시의 집 구조에서 다락방이란 우리의 옛날 집에 있던 그런 다락방이 아니다. 그저 이것저것 잡동사니를 대충 보관하는 작은 공간, 또는 허리를 숙이고 겨우 들어가야 하고 그것도 아니면 앉은뱅이 책상에 앉아 작은 창문을 내다보며 일기를 쓰는 그런 다락방이 아니다.

말이 다락방이지 거의 또 하나의 층이나 다름없다. 그 당시 예루살렘에는 이런 식의 2층 구조의 가정집이 바로 이 지역에 여러 채가 있었다. 베들레헴이나 갈릴리 같은 곳에서 쉽게 볼 수 있었던 단층짜리 사각형 모양의 집 모양이 아닌 엄연히 빌딩에 가까운 2층이라는 것이다

그런데 예루살렘 성안의 부촌이 워낙 경사가 진 곳이라 2층짜리 집을 짓는 것은 쉬운 일이 아니다. 그래도 그 당시 부유한 사람들은 2층이 아니라 3

열세명이나 들어갔던 다락방

층 집도 짓고 싶다는 열망이 많았다. 그래서 생각해 낸 것이 2층 구조의 집을 짓되 양 옆으로 긴 집을 짓는 것이다.

마치 옛날 우리나라에서 항아리와 뚝배기를 만드는 가마터를 연상해 보면 어떨까? 경사를 따라서 집을 길게 짓는다는 것이다. 마치 가마터와 같이 언덕을 따라 길게 지어진 2층 집의 구조를 좀 더 자세하게 알기 위해서는 현재 예루살렘의 유대인 구역을 가야 한다.

유대인 구역안의 번트 하우스 박물관 바로 건너편에는 Whol Acheological Museum이라는 곳이 있다. 이곳에 들어가기 위해서는 입장료를 내야 해서 그런지 이곳은 우리나라의 성지 순례객들은 좀체로 방문하지 않는 곳이다. 하지만 예수님 당시의 최고 부촌의 집 내부 구조와 장식을 보고 싶다면 아마도 이스라엘에서 이만한 유적지는 없는 것 같다.

먼저 이 박물관의 입구를 통해 안으로 들어가게 되면 몇 개의 계단을 내려가야 한다. 그렇게 내려가다 보면 좌우의 벽에 이 유적지를 발굴할 당시의 현장 사진이 커다랗게 붙어 있다 . 그리고 조금 더 내려가다 보면 또 역시 좌우의 벽에 부분 조명을 받으며 전시되고 있는 것이 있는데 이 유적지를 발굴할 당시 함께 발굴된 여러 가지 소품들이다.

이 소품들 중에는 예수님 당시 이 부촌의 가정집에 살았을 여주인이 사용하던 화장품들이 있고 또 여러 가지 모양의 향수병과 물병들도 있다.

지금으로부터 2천 년에 만든 유리병이란 과연 어떤 모양일까? 색깔은 또 어떤색일까? 유리병의 모양이 투박하다거나 또는 그 색상이 탁할 거라고 생각한다면 아주 큰 착각이다.

그 모양이 얼마나 부드럽게 곡선을 이루고 있는지 그리고 그 색깔이 얼마나 환상적인 색깔인지 모른다. 이것은 직접 가서 보지 않고는 말로 표현할 수 없는 색깔이다.

예루살렘 부잣집의 바닥에 있는 모자이크 장식

그런가 하면 식탁에서 사용하던 식기들도 전시되고 있다. 구리와 주석 등으로 만들어진 여러 가지의 수저, 그리고 각종 크기의 그릇들이 여러 개 전시되어 있는 것으로 보아 아마도 이 집에서 기거하던 사람들이 많았다는 것을 알 수가 있으며 식구들은 정작 얼마 되지 않을 수 있지만 이 집의 주인을 위해서 일을 하던 일꾼들이 많았다는 것을 알 수가 있다.

그릇은 구리나 주석으로 만든 것만 있는 것은 아니다. 향수병과 같은 아름다운 색상의 유리로 만든 접시와 보울Bowl들도 있다. 그리고 토기로 된 것들도 있는데 특히 토기에 새겨진 아름다운 장식들은 그저 음식을 담는 접시라기 보다는 하나의 예술 작품과도 같다는 생각이 들 정도이다.

그런가 하면 전기가 없던 그 시절에 가장 중요한 필수품은 아무래도 등잔불이다. 그러나 다른 유적지에서 발견되는 등잔불이 대개가 토기로 된 것에 비해서 이곳에서 발굴된 등잔은 주석으로 된 것이다.

물론 그 등잔의 표면에 장식된 그림도 보통 수준의 회화가 아니다. 마치 자연의 모습을 그대로 등잔불에 옮겨 놓은 듯한 그림 실력은 도저히 경도가 높은 주석의 표면에 새겨 넣은 것이라 볼 수가 없을 정도이다.

이렇게 박물관의 유적지로 내려가는 계단의 양옆에 전시되어 있는 유물들만 보더라도 이 집이 그당시에 얼마나 호사스럽게 살았는지를 단적으로 보여 주는 것이 아닐까?

필자는 그 박물관의 전시물을 보면서 그 당시의 생활상이 화려했다는 것에 놀라기 보다는 그런 유물들이 어떻게 거의 손상이 되지 않은 채 고스란히 발굴될 수가 있었는지 그게 더 신기했었다.

그렇다면 계단을 더 내려가서 드디어 눈에 들어오는 그 호화스러운 주택의 모습은 어떨까?

2천 년 전의 주택임에도 불구하고 구조가 거의 완벽에 가까울 정도로 유지되고 있다는 것이 우선 놀랍다. 그것은 다른 지역의 가정집을 지을 때 사용하는 흙벽돌이 아니라 예루살렘의 땅속에서 캐낸 커다란 바위를 적당한 크기로 잘라낸 돌벽돌로 집을 지었기 때문에 견고하게 지금까지 보존될 수 있었던 것이다.

이렇게 돌벽돌로 쌓아올린 담벽과 문틀 윗부분에 있는 아치의 모양은 지금도 아주 화려하게 버티고 서 있다. 그리고 그 집안으로 들어가면 약 4평 정도 되는 거실이 나오는데 이곳이 거실이라는 것을 누군가 굳이 설명해 주지 않더라도 금방 알 수 있는 것이 바닥에 아주 아름다운 모자이크가 새겨

예루살렘의 부잣집에서 발굴된 각종 항아리들

져 있기 때문이다.

모자이크는 이스라엘 전역을 통해서 자주 만날 수 있는 회화작품이다. 가로 세로 약 7mm에서 8mm의 아주 작은 돌 조각에 염료를 이용해서 색을 입힌다. 원래의 색깔은 하얀색인데 이 하얀색의 돌 조각에 검은색과 빨간색 그리고 파란색등을 입힌 다음 그것들을 이용해서 아름다운 회화작품을 완성하는 것이다.

이 부잣집의 거실에 경우엔 동그랗게 원을 여러 개 겹쳐서 만들고 그 주변에도 또 다른 문양을 넣어서 한눈에 보기에도 아름답고 화려한 작품을 만들어 내는 것이다.

모자이크를 만드는 방식은 이렇다. 우선 평평한 바닥에 얇게 회반죽을 바른 다음 그 위에 작은 돌조각을 촘촘하게 깔아서 갖가지 모양을 만들어 내는 것이다. 돌조각과 돌조각 사이의 작은 틈에는 아무것도 끼워 놓지 않는다.

그러니까 작은 돌조각끼리 서로 밀고 밀어서 바닥에 발라 놓은 회반죽의 점성을 이용해 그대로 굳게 내버려 두는 것이다. 그래서 가끔씩 회반죽의 점성이 약한 곳은 모자이크 돌조각이 떨어져 나간 곳도 있기는 하지만 그래도 2천 년이 지난 지금까지도 웬만한 모자이크는 그 모양과 형태를 그대로 유지하고 있다. 이런 식의 모자이크는 그 당시 웬만한 건축물에는 어디서나 쉽게 볼 수 있도록 많이 사용했던 것 같다.

갈릴리 호수 근처에 있는 오병이어 교회에도 아주 유명한 모자이크가 있다.

예수님이 오천 명의 대중 앞에서 설교를 하시다가 점심시간이 되자 어린 소년이 도시락으로 준비해온 물고기 두 마리와 보리떡 다섯 개를 축사하신 다음 수많은 사람들에게 먹게 하셨던 그 기적의 현장에 작은 교회가 세워져 있는데 바로 이 교회의 안으로 들어가 보면 중앙의 제단 바로 밑에 물고기 두 마리와 보리떡 다섯 개가 장식되어 있는 모자이크가 있다.

이 모자이크 그림은 예수님의 기적 사건을 가장 잘 표현해 주는 상징적인 아이콘이 되어있기도 하다. 모자이크 장식은 1세기 경 예루살렘을 비롯한 이스라엘 전역에 세워진 건물에서 아주 흔하게 볼 수 있는 것인데 바로 이 부잣집의 거실 바닥에 여러 개의 모자이크가 새겨져 있다.

예루살렘의 무덤에서 발굴된 각종 향수병

23.
집안의 욕조

부잣집에서 볼 수 있는 또 하나 특이한 것은 작은 욕조와 같이 생긴 웅덩이다. 유대인들은 목욕을 좋아했던 것일까? 아니면 이 부잣집에서만 볼 수 있는 개인용 욕조일까?

생긴 것은 마치 욕조와 같지만 자세히 보면 사람이 그저 욕조안에 담겨진 물속에 몸을 담그고 앉아 있기에는 조금 깊다는 것을 알 수가 있다. 이 욕조는 목욕을 위한 욕조가 아니라 그 당시 유대인들이라면 반드시 해야만 하는 종교적 행사 중에 하나인 정결의식의 장소이다.

이런 것을 미크베Mikve 또는 미크바웃이라고 한다. 미크베로 들어가기 위해선 계단을 통해서 내려가는데 유대인들은 이 계단을 통해 미크베 안에 담겨진 물속으로 들어가 몸을 완전히 머리끝까지 물속에 담갔다가 나오는 것이다. 사람이 일주일 동안 세상에 살면서 더러워진 육체와 영혼을 미크베 안의 물속으로 들어가 깨끗하게 씻고 나온다는 의미로 이런 의식을 치른다.

그 당시 유대인들은 일주일에 한 번씩 성전에 가기 전날엔 반드시 미크베에서 정결의식을 치르고 그 외에도 여덟 가지의 경우에 미크베에서 정결의식을 행하게 되는데 우선 첫 번째로 어린아이가 태어날 때 미크베에서 정결의식을 행한다.

그리고 성인식을 할 때, 그 외에 결혼식을 할 때, 랍비가 될 때, 전쟁에 나갈 때, 아버지가 될 때, 학교의 교장과 같은 직책을 받게 될 때, 맨 마지막으로 왕이 될 때 바로 이 미크베에서 정결의식을 치르게 된다.

그래서 그 계단도 자세히 보면 마치 자동차 도로의 중앙선처럼 금이 그어

마사다에서 발견된 미크베

져 있는 것을 볼 수가 있다 오른쪽 계단은 미크베 안으로 들어가는 사람이 이용하는 계단이고 왼쪽의 계단은 미크베 속에서 물에 몸을 담갔다가 나오는 사람이 이용하는 계단이다.

물속에 들어가는 사람과 들어갔다 나오는 사람이 서로 몸을 부딪히지 않기 위해서다. 미크베 안에는 최소한 약 5백 리터 이상의 물이 필요했었는데 그 당시 상수도 시설이나 급수시설이 발달하지 않은 상태에서 이렇게 미크베에 그 많은 양의 물을 담는 것도 보통 일이 아니었다. 그러니까 부잣집이 아니고서는 일반 가정집에 이런 미크베가 있을 수는 없는 일이다. 어차피 부잣집이야 그 정도의 물을 길어다 부을 일꾼들이 얼마든지 있기 때문이다.

그런데 재미있는 것은 이 예루살렘의 부잣집 내부에는 이런식의 미크베가 한두 개가 아니라는 것이다. 한 집안에 하나에 약 5백 리터의 물을 담아야 하는 미크베가 한 개도 아니고 여러 개씩 있다는 것은 그야말로 엄청난 부의 상징이라고 할 수가 있는 것이다.

쿰란에서 발견된 미크베로 들어가는 계단

24.
가정집의 지하창고

그 미크베를 보고 다시 옆에 있는 계단으로 내려가면 이번에는 작은 지하 창고를 발견하게 된다.

지하창고 안에는 과연 무엇이 있었을까?

그 지하창고에는 2천 년 전에 사용했던 커다란 토기 항아리가 지금도 잘 보존되어 있다. 물론 현재 보존되어 있는 항아리도 꽤 많이 있지만 그 보다도 더 많은 숫자의 항아리가 깨져서 바닥에 조각들이 흩어져 있는 것을 볼 수가 있다. 깨져서 조각이 난 항아리가 저렇게 많은데 2천 년 전에는 도대체 그 창고안에 얼마나 많은 항아리가 보관되어 있었을까 추측이 가능하다.

그러나 이스라엘의 오래된 유적지에서 발견되는 항아리는 우리나라의 항아리와 그 모양과 제조 방식이 다르다. 우리나라의 항아리는 옆구리가 넓고 또 주둥이도 넓지만 이스라엘의 항아리는 폭이 좁고 위아래가 길죽하고 주둥이도 역시 좁다.

겉 표면도 우리나라의 항아리는 유약을 바르고 가마에 굽는 형식이지만 이스라엘의 고대 항아리는 유약을 바르지 않는다. 그래서 겉 표면이 토기 그 자체로 투박하고 특별한 무늬도 없어서 어찌 보면 아주 단순한 모양의 항아리라고 볼 수가 있다

그렇다면 이 항아리 속에는 과연 무엇이 들어있었을까?

우선 이스라엘의 고대 가정집에선 항아리 속에 반드시 들어가게 되는 것이 바로 올리브 기름이다. 올리브는 이스라엘 전국에 걸쳐서 아주 쉽게 볼 수 있는 아주 흔한 나무라고 할 수 가 있다.

예수님 당시의 항아리

우리나라의 산에는 소나무와 떡갈나무 그리고 향나무 같은 것이 많이 있지만 이스라엘의 산과 들판에서는 너무도 흔하게 올리브 나무를 볼 수가 있으며 어찌 보면 마치 들판에 피는 잡초처럼 여기 저기 주인 없는 올리브 나무를 너무 많이 볼 수가 있다. 그래서 도대체 이스라엘이라는 나라에는 올리브 나무만 있는 것이 아닐까 하는 착각을 불러일으킬 정도이다. 그만큼 올리브 나무는 이스라엘의 대표적인 나무라고 할 수가 있는데 올리브 나무는 물을 많이 필요로 하지 않는다. 그래서 강우량이 적은 중동 지방에 척박한 토양에 자라기에는 아주 적합한 품종이라고 할 수가 있다.

올리브나무는 약 15년 동안 열매를 맺지 않는다. 그러나 일단 한번 열매를 맺기 시작하면 그 생명력이 강해서 수십 년 아니 수백 년 동안도 죽지 않고 자라며 끝까지 열매를 맺는 것이 바로 올리브 나무이다. 실제로 예루살렘의 겟세마네 동산에 가면 올리브 나무의 나이가 2천 년이 넘는 것도 있는데 그래서 그 나무의 둘레는 약 3미터가 넘기도 하다. 수령이 2천 년이 넘은 나무가 지금도 아주 건강하게 살아서 열매를 잘 맺고 있다면 믿을 수 있을까?

이렇게 지천에 널려 있는 것이 올리브 나무이다 보니 이스라엘 사람들에게 있어서 올리브 나무와 올리브 열매 그리고 올리브 잎사귀는 여러모로 생활 깊숙이 그 용도를 보이고 있는데 우선 올리브 열매는 정말 그 용도가 이루 말할 수 없을 만큼 다양하게 사용된다.

제일 중요하게 사용되는 것은 역시 등잔불을 밝히는데 사용된다는 것이다. 전기가 없던 시절에 등잔불을 밤을 밝히는데 없어서는 안될 소중한 연료가 된다. 성경에 나오는 지혜로운 다섯 처녀에 관한 예수님의 비유에서도 등잔불에 사용된 연료가 바로 올리브 기름이다.

우리나라에서 화롯불의 불씨를 꺼뜨리는 여인은 소박을 맞는다고 했듯이 이스라엘에서도 올리브 기름을 준비하지 못해서 등잔불을 밝히지 못하는 여인은 지혜롭지 못한 여인으로 취급을 받는 것이다.

그래서 이스라엘의 가정에서는 반드시 올리브 기름이 항아리에 준비되어 있어야 했다. 그리고 올리브 기름은 음식을 만드는데 있어서도 빠질 수 없는 재료가 된다. 뜨거운 날씨에 음식이 금방 상하게 되는 중동에서는 웬만한 음식을 기름에 튀겨 먹는 경우가 많다.

현재 이스라엘에 가면 어느 지역에서나 쉽게 사먹을 수 있는 대중 음식이 바로 팔라펠이라는 것인데 팔라펠은 콩을 잘게 가루로 내어 그것을 마치 경단처럼 동그랗게 반죽해서 올리브 기름에 튀겨 내는 음식이다.

그리고 가지도 잘게 잘라서 역시 올리브 기름에 튀겨 내기도 하고 또 고추나 양파도 올리브 기름에 튀겨서 피타빵이라고 하는 마치 호떡같이 생긴 빵속에 집어 넣어서 먹는 것이다.

올리브 기름은 다른 식용유와는 달리 콜레스테롤이 적어서 건강에도 아주 좋은 식용 기름으로 사용이 되고 특히 석회 성분이 많은 이스라엘의 지하수를 많이 마셔서 담석증에 걸릴수도 있지만 바로 이 올리브 기름이 혈관 속에 달라붙게 될 석회 성분을 많이 없애 준다고 한다.

그런가 하면 올리브 기름은 약용으로도 많이 사용되었다.

성경에 보면 여리고로 가는 길에 강도 만난 사람의 이야기가 나오는데 이때 착한 사마리아 사람이 강도만난 사람의 몸에 난 상처를 제일 먼저 치료해 준 것이 바로 이 올리브 기름으로 발라 준 것이다. 몸에 난 상처에 살균 작용을 해주고 빨리 아물게 하는 것이 바로 올리브 기름이다.

올리브 나무의 열매는 이스라엘 식탁에서 빠질 수 없는 반찬 재료이다. 마치 우리나라 사람들이 김치를 안 먹으면 식사를 하지 않은 느낌이 드는 것처럼 이스라엘 사람들은 올리브 열매를 먹지 않으면 도저히 식사를 할 수가 없을 정도이다.

소금에 절인 올리브와 말린 올리브 그리고 각종 소스에 버무린 올리브는 그 종류만 해도 수십 가지가 넘는다. 열무김치 배추김치 겉절이 김치, 김치의 종류가 수십 가지가 넘는 것처럼 올리브 열매를 이용한 음식도 수십 가지가 넘는다.

그러니 이스라엘에서의 올리브란 절대로 빼놓을 수 없는 생존의 필수품이라고 할 수가 있다. 그런데 놀라운 것은 그 올리브 나무가 팔레스타인 사람의 생활을 책임져 주는 일들을 지금도 하고 있다는 것이다.

예루살렘과 특히 베들레헴에 가면 중요한 성지 근처에는 많은 기념품 가게가 있는데 그 기념품 가게에서 팔고 있는 물건 중에 상당수가 바로 이 올리브 나무를 이용한 기념품이 많다.

올리브 나무로 만든 십자가, 올리브 나무로 만든 예수님 조각상, 올리브 나무로 만든 베들레헴의 마굿간, 올리브 나무로 만든 각종 장식품은 마치 예술가의 작품처럼 조각이 되어 비싼 값에 판매가 되고 있다.

올리브 기름과 피타빵

필자는 언젠가 베들레헴의 어느 가정집에 갔을 때 앞마당에 잔뜩 쌓여있는 올리브 나무 가지들을 보고 놀란 적이 있었다. 도대체 이 많은 올리브 나무는 왜 앞마당에 쌓아놓았냐고 묻자 그 집의 주인은 내게 밝은 미소를 보여 주며 이렇게 대답을 해 주었다.

저 올리브 나무가 나를 키워 주었고 또 지금도 그의 두 아들을 대학까지 보내고 장가까지 보내 주었다는 것이다. 올리브 나무는 현재 이스라엘에 살고 있는 많은 사람들의 양식과 생활비를 가져다 주는 아주 효자와 같은 나무이다.

그러다 보니 올리브 나무 때문에 크고 작은 분쟁이 생기기도 한다. 과연 들판에 아무렇게나 자라고 있는 올리브 나무의 열매는 누구의 것일까?

그곳에서 이미 2천 년 동안 살아왔던 팔레스타인 사람들은 그 올리브 나무가 자신들의 것이라고 주장을 한다. 아버지의 아버지가 그 나무에서 열매를 따왔고 지금도 자신들이 따고 있다고 주장을 한다. 그러니 그 올리브 나무는 자신들의 것이라는 것이다.

그러나 이스라엘 사람들의 얘기는 다르다. 과거에는 그 땅이 팔레스타인 땅이었을지 모르지만 현재는 이스라엘의 영토가 되었으니 당연히 이스라엘의 것이라고 주장을 하는 것이다. 이들의 서로 다른 주장에 누구의 편을 들어야 할지는 잘 모르겠지만 어쨌든 팔레스타인 사람들과 이스라엘 사람들이 서로 자기의 것이라고 주장을 하며 분쟁이 일어날 만큼 이스라엘에서의 올리브는 이렇게 생명과도 같은 것이라고 할 수가 있다.

여인들의 필수품 향수
터키 사람들이 식당에서 손을 내미는 이유
향수를 만드는 법
아름다워지고 싶은 여인의 욕망

그때의 여인들은 어떻게 살았을까?

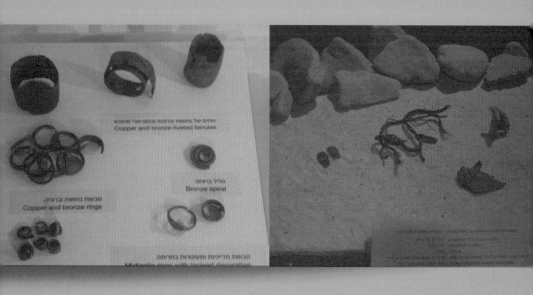

향수는 덥고 건조한 날씨에 피부가 마르고 갈라질 때 몸에 향을 내 줄 뿐만 아니라 피부를 부드럽게 해 주는 역할도 했다.

25.
여인들의 필수품 향수

AD 70년, 그러니까 예수님이 하늘로 승천하신 이후 40여년이 지난 그때 즈음 예루살렘의 부유한 사람의 가정집에서 발견된 여러 가지 발굴품 중에는 특이하게도 향수병이 여러 개 나왔다.

지금도 예루살렘의 올드시티 안에 있는 고고학 박물관 안에는 그 당시 발굴된 향수병이 여러개 전시되고 있는데 그때 당시의 토기 제작 기술이라고 믿기에는 정말 놀라울 정도로 정교하고 아름다운 모양의 향수병을 볼 수가 있다.

이곳에서 전시되고 있는 향수병은 투박한 토기로 된 어린이의 주먹만한 크기의 호리병 모양이다. 주둥이가 좁고 길지만 아랫부분은 볼록하게 튀어 나와 있어서 향수병이 옆으로 쏟아진다 해도 쉽게 많은 양이 쏟아지지는 않게 되어 있다.

여기서 한 가지 의문이 든다. 그 당시 여인들도 향수를 사용했다는 것일까? 그렇다면 향수는 어떤 향이며 또 왜 향수를 사용했을까?

이스라엘은 그다지 물이 풍부하지 않은 지역이다. 그러나 한여름에는 40도를 넘나드는 뜨거운 날씨 때문에 땀을 흘리는 경우가 많다. 물론 그늘에만 들어가도 시원한 바람이 불기 때문에 사람이 살 수 없을 만큼은 아니지만 그래도 더운 것은 어쩔 수 없는 일이다.

한 여름에 뜨거운 태양 아래서 일을 하다 보면 자연히 땀이 나게 마련이고 그렇게 하루 종일 일을 하다가 저녁에 집으로 돌아오면 자연히 사람의 몸에서 땀 냄새가 나게 된다. 이럴 때 시원하게 찬물로 샤워를 하면 좋지만 물이 워낙 귀하다 보니 그렇다고 쉽게 샤워를 할 수도 없다.

그러다 보면 자연히 사람의 몸에서 나는 땀 냄새가 다른 사람에게 불쾌감을 줄 수도 있게 되는데 이것을 어느 정도 방지하기 위해 그 당시의 사람들은 향수를 종종 이용했다.

향수는 몸에서 좋은 냄새를 내게 하는 목적으로만 사용된 것은 아니다. 향수는 덥고 건조한 날씨에 피부가 마르고 갈라질 때 몸에 향을 내 줄 뿐만 아니라 피부를 부드럽게 해 주는 역할도 했다.

그리고 이스라엘 사람들은 유난히 자신들의 외모에 관심을 많이 가졌다. 그래서 그들은 기름과 향수를 사용했는데 잠언 27:9을 보면 "기름과 향이 사람의 마음을 즐겁게 하나니 친구의 충성된 권고가 이와 같이 아름다우니라"라고 적혀 있다.

이것만 보더라도 그 당시의 사람들은 유난히 향수와 향유를 많이 뿌리고 또 발랐던 것을 알 수가 있는 것이다. 단지 나의 피부 보호만을 위하는 것이 아니라 남에게 즐거움을 주는데 향수와 향유가 사용되었다.

그래서 그 당시 이스라엘 사람들은 외출을 하기 전에는 반드시 향수를 몸에 뿌리기도 했었고 기름을 몸에 바르기도 했었다. 특히 손님이 집안에 찾아오기라도 하는 날이면 유대인들은 온 집안에 향수를 뿌려서 방안의 공기

예수님 당시의 향유병

를 향기롭게 했고 향기가 나는 마른 잎사귀를 불에 태워서 집안에 아름다
운 향기가 진동을 하게 했다.

향기가 피어나는 곳에 자신의 머리와 온 몸 그리고 옷들을 가까이 대서
향기가 베어 나도록 했다. 그래서 유대인의 집안에서는 언제나 향긋한 냄새
가 나기도 했었던 것이다.

26.
터키 사람들이 식당에서 손을 내미는 이유

몇 년 전 터키를 여행하면서 그들만이 갖고 있는 아주 특이한 풍습을 하나 알게 되었다. 터키 사람들이 찾는 식당에서 식사를 하고 나오면 식당의 주인은 어김없이 카운터 옆에 있는 위스키병 같이 생긴 커다란 병을 집어 든다.

그러면 식당에서 식사를 하고 나오는 손님들은 그 병 아래에 공손히 두 손을 갖다 대고 식당 주인은 손님의 손바닥에 그 병을 기울여서 몇 방울 액체를 떨어뜨려 준다. 그것을 손바닥에 받은 손님들은 부지런히 두손을 서로 마주 비빈 다음 얼굴과 머리 그리고 옷에다 열심히 바르는 모습을 보게 된다.

그것은 고속버스를 탔을 때도 마찬가지였다.

열 시간이 넘는 먼 거리를 가기 위해 고속버스에 올라타서 30분 정도 달리다 보면 고속버스 안에 있는 승무원인 한 남자가 앞자리의 손님부터 뒷자리의 손님까지 모든 손님들에게 열심히 병을 들고 다니면서 손바닥에 부어 준다. 그럼 또 다시 승객들은 그 액체를 두 손으로 비빈 다음 얼굴과 머리 옷에다 열심히 바르는 것이다. 식당의 주인이 식사를 하고 나오는 손님들에게 뿌려 주는 것과 고속버스 안에서 승무원 남자가 승객들에게 뿌려 주는 것은 바로 향수였다.

그들이 사용하는 향수는 우리가 백화점에서 구입하는 값비싼 것이 아니라 그야말로 저렴하면서도 양이 많은 향수인데 그 향은 필자가 보기엔 우리가 백화점에서 구입하게 되는 명품 브랜드의 향수와 그다지 다른 점을 찾을 수가 없었다.

이들도 역시 더운 날씨에 땀 냄새로 인해 다른 사람들에게 불쾌감을 주지 않게 하기 위해 이렇게 향수를 즐겨 바르고 또 상대방에게 향수를 뿌려 주는 것을 중요한 서비스라고 생각을 하는 것 같다. 상대방에게 향수를 뿌려 주는 것을 커다란 서비스라고 여기는 터키 사람들, 그것은 아마도 그 옛날 이스라엘 사람들에게서 배운 풍습이 아닐까 하는 생각이 들었다.

물론 이것은 어디까지나 제 개인적인 생각이지만 말이다.

누가복음 7:45~46에 보면 어떤 여인이 예수님의 발에 향유를 붓는 것을 보고 바리새인이 여인을 나무라자 예수님께서 바리새인에게 하는 말이 나온다. "너는 내게 입맞추지 아니하였으되 그는 내가 들어올 때로부터 내 발에 입 맞추기를 그치지 아니하였으며 너는 내 머리에 감람유도 붓지 아니하였으되 그는 향유를 내 발에 부었느니라"

이 말씀에서 볼 수 있듯이 내가 존경하고 내가 아주 반갑게 맞이하는 사람들에게는 이렇게 향유를 머리에 붓기도 하고 또 발등에 붓기도 했었던 것이다. 머리와 발등은 사람의 몸에서도 유난히 냄새가 많이 나는 곳이다.

이렇게 냄새나는 곳에 향수를 뿌리고 향유를 붓는다는 것은 그 사람에 대한 예우를 최대한 갖추는 것이라고 그 당시 사람들은 생각을 했던 것이다. 그리고 집안에 크고 작은 잔치가 있을 때 그 집으로 찾아온 손님들에게도 역시 집 주인은 향수를 뿌려 주었다. 이때 뿌리던 향수는 마치 깔대기와 같은 구조의 작은 원뿔형이었는데 주인은 그 깔대기에 향수를 부으면 아랫부분에 있는 작은 구멍을 통해 머리에 향수가 뿌려지게 되는 것이다.

이렇게 머리에 향수를 붓는 광경은 시편에서도 나온다. 시편 23:5에 보면 "주께서 내 원수의 목전에서 내게 상을 차려 주시고 기름을 내 머리에 부으셨으니 내 잔이 넘치나이다."

예수님 당시의 향수는 이스라엘 지방의 갖가지 해충을 쫓아내는 데도 사용되었다.

이스라엘을 여행해 본 사람들이라면 이스라엘의 밤 날씨에 모기와 파리가 얼마나 많은지는 이미 알고 있을 것이다.

특히 더운 날씨에 쉽게 음식이 부패하거나 또 동물의 시체가 숲속에 나뒹굴고 있다면 그곳에는 반드시 여러 가지 해충들이 꼬이게 마련이다. 이렇게 날파리와 갖가지 해충들이 많은 이스라엘 지방에서 특히 밤이 되면 모기들이 극성이는 이스라엘 땅에서 향수는 이들 벌레와 해충들을 몰아내는데 아주 특효약이 되었다.

흙벽돌로 지은 집안에도 어김없이 해충과 벌레들이 찾아오는데 들판에서 잠을 자고 들판에서 생활을 해야 하는 목동들이나 유목민들에게는 해충이 얼마나 골치 아픈 존재였을까? 그러니 이들에게도 향수와 향유는 빠질 수 없는 필수품이었던 것이다.

특히 여성들은 옷의 안쪽으로 보이지 않는 곳에 작은 향수병을 달고 다니는 것을 좋아했었다. 그래서 예루살렘 올드시티 안에 있는 부유한 집안의 유적지에서 발굴된 작은 향수병들도 아마 그 당시 여인들이 옷 속에 감추고 갖고 다녔던 향수병이 아닌가 생각이 된다. 이렇게 향수가 대중화 되다 보니 그 당시 이스라엘에선 향수를 제조하고 향수를 판매하는 산업이 많이 발달했던 것 같다.

27.
향수를 만드는 법

옛날 가나안의 도시였던 우가릿Ugarit 이라는 곳에선 아주 특이한 유물들이 발굴되어 세상 사람들을 깜짝 놀라게 한 적이 있었는데 그것은 바로 향수가 가득 채워진 향수병이 한꺼번에 약 천 여개가 발굴되었기 때문이다.

이것은 우가릿이라는 지역에 향수병을 만들고 향수를 담아서 판매를 하던 공장이나 아니면 판매점이 있었던 곳이 아닌가 하는 추측을 하게 하는 것이다. 이때 사용된 향수는 주로 감람나무 열매에서 추출한 것들이었는데 올리브 나무에서 추출한 향수 말고도 나드 향유와 몰약도 함께 있었다.

일반적으로 올리브 향수는 그 제조 방법이 간단해서 돈이 없는 가난한 사람들이 많이 사용했지만 나드 향유는 그 가격이 꽤나 비싼 고가품이었다. 그리고 유향과 몰약 역시 그 가격이 꽤나 비싼 것들이었다.

유향을 판매하는 사람들은 그 시장을 독점하기 위해서 유향을 어디서 만드는지 그리고 어떻게 만드는지를 철저하게 비밀로 붙였다. 그래서 그 당시 사람들은 유향과 몰약을 신비의 향수라고 생각을 하기도 했었던 것이다.

유향을 만드는 방법은 이렇다. 유향은 옻나무과에 속하는 유향수라는 나무에서 채취가 되는 것이다. 유향수라는 나무는 시리아에서 스페인에 이르는 지중해 연안지역에서 주로 많이 자라는 나무인데 매년 6월에서 8월 사이에 이 유향수의 껍질에 작은 칼자국을 내면 이곳에서 끈적 끈적한 액체가 흘러나온다. 이 액체의 향기가 바로 유향의 냄새가 되는데 아마도 그 당시 사람들은 이 액체의 냄새가 향수처럼 향기롭다고 생각을 했었나 보다.

유향수의 껍질에서 흘러나온 끈적한 액체는 공기와 맞닿으면서 완두콩 만한 크기의 물방울 형태로 딱딱하게 굳어 버리는데 약 15일 정도만 되도 채취를 할 수 있게 될 만큼 딱딱해진다. 이 유향은 단열재나 방수제 같은 보호용 피막과 타일들을 접착하는데 쓰일 정도로 접착력도 아주 강하다.

누가복음 7장에서 바리새인의 집으로 찾아간 예수님께 옥합을 깨뜨린 여

옥합

인에 대한 이야기가 나온다. 이때 여인이 예수님의 발 앞에 엎드려 눈물을 흘리며 자신의 머리카락으로 예수님의 발등을 닦은 다음 옥합을 깨뜨려 향유를 발에 부었다고 기록이 되어 있다.

도대체 이 여인이 부었다는 나드 향유는 과연 무엇일까?

나드 향유는 이스라엘 땅에서 구입할 수 없는 아주 값비싼 향유였다. 나드라는 식물은 히말라야 고원지대에서 자라는 고산식물인데 이 꽃잎에서 추출한 향유를 나드 향유라고 한다.

그런데 이 나드 향유는 휘발성이 있어서 공기에 노출이 되면 쉽게 증발해 버리는 성질이있다. 그러니 이스라엘 땅에서도 한참이나 먼 히말라야 고산지대에서 생산해 낸 나드 향유가 이스라엘 땅까지 오는데는 최소한 몇 개월이 걸리게 마련이다. 휘발성이 강한 나드 향유를 대충 아무런 병에 담아서 히말라야 산지에서 이스라엘 까지 가져온다면 아마도 가져오는 동안 모두 공기속으로 날아가 버릴 지도 모르는 일이다.

그래서 다른 향유와는 다르게 나드 향유는 그 용기가 좀 특수해야 한다. 예수님의 발등에 나드 향유를 부은 이 여인이 가져온 향수병은 옥합이었다. 나드 향유를 담은 옥합은 그 크기가 약 10센티미터 정도 되는 길죽한 모양인데 이 안에 나드 향유를 담고 뚜껑을 담은 다음에 뚜껑을 밀납으로 봉합하는 것이다. 그래야 나드 향유가 오랫동안 보존이 될 수가 있는 것이다. 그러니까 여인이 옥합을 깨뜨려서 그 안에 있는 나드 향유를 예수님의 발등에 부었다는 것은 그 옥합 자체를 깨뜨렸다는 것이 아니라 옥합의 뚜껑에 밀봉되어 있는 밀납을 깨뜨려야만 뚜껑이 열릴 수 있었던 것이다. 그런 다음에 여인이 옥합을 기울여 예수님의 발등에 나드 향유를 부을 수 있었던 것이다. 이스라엘에서도 한참이나 멀리 떨어진 히말라야에서 온 나드 향유는 당연히 값이 비쌀 수밖에 없었다.

그렇다면 과연 이 여인이 예수님의 발등에 부은 나드 향유는 가격이 얼마나 했을까?

그 당시 옥합에 들어있는 나드 향유 한 병의 가격은 남자 일꾼이 일년동안 일을 해서 번 돈으로 한 푼도 쓰지 않고 꼬박 모아야만 하는 아주 고가품이었다. 그러니까 굳이 지금 우리 돈으로 환산을 한다면 최소한 몇 천 만원 이상하는 가격이라고 할 수가 있는 것이다.

도대체 그 여인은 어떻게 해서 그렇게 값비싼 향유를 갖고 있었던 것일까? 그리고 그 여인은 왜 그렇게 값비싼 향유를 단 한 번에 아낌없이 예수님의 발등에 부은 것일까?

28.
아름다워지고 싶은
여인의 욕망

2천 년 전 당시의 호화스럽게 살았던 대저택의 발굴 현장에서 나온 것 중에 특이한 것이 있었다. 그것은 바로 그 당시 여인들이 사용했던 화장품이다. 이곳에서 발굴된 화장품은 우리가 피부를 보호하기 위한 로션과 같은 것이 아니라 주로 색조화장에 관한 것들이었다.

사실 예수님 당시의 여자들은 몸에 향수를 뿌리고 향유를 바르는 것은 좋아했지만 얼굴에 색조화장을 하는 것을 좋아하지는 않았다. 아니 이것은 예수님 당시 뿐만이 아니라 구약시대와 신약시대를 통 털어서 여자의 얼굴에 색조 화장을 하는 것은 안 좋은 이미지로 연결이 되었다.

열왕기하 9:30을 보면 그 이스라엘 땅에 바알이라고 하는 이방신을 가져왔던 이세벨은 결국 자신의 운명이 다 하는 순간 자신을 죽이러 오는 사람이 있다는 소식을 듣고는 곧바로 자기의 방으로 들어가서 하는 일이 있었다. 그것은 바로 자기의 머리를 다듬고 눈에 검은색의 라인을 그리는 것이었다.

눈에 라인을 그리는 것은 그 당시 이집트의 파라오 왕이 즐겨 그렸던 것인데 눈에 검은 라인을 짙게 그림으로서 자신의 눈동자와 눈가의 작은 떨림으로 자신의 감정 상태를 상대방에게 노출시키지 않으려는 일종의 변장술이나 다름없었다.

이세벨 역시 죽음을 눈앞에 두고 자신이 절대로 두려워하거나 떨고 있지 않다는 것을 상대방에게 노출하고 싶지 않았던가 보다. 죽을 땐 죽더라도 당당하게 그리고 품위를 잃지 않고 죽으려는 일종의 호기를 부리고 싶었을지도 모르는 것이다. 그러나 여자들이 눈화장을 하는 것을 크게 나무랐던 선지자가 바로 예레미야이다.

예레미야 4:30을 보면 타락한 이스라엘 민족을 향해 회개하라고 외치면서 하는 말이 나온다. "멸망을 당한 자여 네가 어떻게 하려느냐 네가 붉은 옷을 입고 금장식으로 단장하고 눈을 그려 꾸밀지라도 네가 화장한 것이 헛된 일

유대 소녀들

이라 연인들이 너를 멸시하여 네 생명을 찾느니라"라고 했다. 여자가 눈화장을 하는 것이 바로 타락의 증거라고 했던 것이다.

에스겔서 23장에 봐도 상황은 비슷하다. 이스라엘이 남유다와 북이스라엘로 나뉘어진 이후 남유다가 죄악을 범할 때 하나님을 의지하기 보다는 주변의 이방국가에게 의탁하려는 모습에 대해서 책망을 하는 장면이 나오는데 마치 남유다가 창녀와 같이 행동을 한다면서 에스겔은 40절에 이렇게 표현을 한다. "또 사절을 먼곳에 보내 사람을 불러오게 하고 그들이 오매 그들을 위하여 목욕을 하고 눈썹을 그리며 스스로 단장을 하고..." 그러니까 유대인들은 눈썹을 진하게 그리는 것을 마치 창녀와 타락한 여자들을 비유하기에 적당하다고 본 것이다.

그럼에도 불구하고 예루살렘 올드시티의 대저택 발굴터 말고도 이스라엘 곳곳에선 여성들의 색조 화장을 위한 화장품 용기가 자주 발굴이 된다. 어쨌든 이곳에서 발굴된 화장품을 좀 더 자세하게 설명을 한다면 마치 우리의 간장 종지처럼 아주 작은 용기에 빨간색, 파란색, 검은색의 염료들이 말라붙어 있는 것을 볼 수가 있고 또 어떤 용기는 지름이 약 10cm~15cm의 마치 접시처럼 큼지막하긴 하지만 가운데가 움푹 파여 있는 빈 그릇도 발굴이 되기도 했다.

가운데 움푹 파인 곳의 주변에는 아주 작은 동그란 모양이 새겨져 있어서 나름대로 모양을 내려고 했던 것을 알 수가 있다. 이 용기는 석회암으로 만들어졌는데 아마도 아이새도우를 담았던 그릇이 아닐까 추측이 된다.

그럼 과연 작은 종지에 말라붙어 있는 색조화장품은 과연 어떤 색이고 그 색은 뭘로 만든 것일까?

우선 초록색의 색조 화장품이 있다. 이 초록색은 터키석이나 공작석에서 추출해 냈다고 한다. 터키석은 그 색깔이 연한 코발트색과 연한 초록을 섞어 놓은 듯한 색을 갖고 있다. 이 터키석을 잘게 부수고 입자를 곱게 갈아넣은 다음에 올리브 기름과 섞어서 걸죽하게 만드는 것이다. 그런 다음에 작은 막자나 공이로 조심스럽게 눈썹위와 아래를 그리는 것이다.

공작석 역시 밝은 녹색을 띠는 광물로 이스라엘 땅에선 나지를 않고 그 당시에는 주로 아프리카의 남서지방에서 수입해 오는 것들이었다. 그렇기 때문에 아주 작은 양이라 하더라도 역시 가격이 만만치 않은 것들이었다.

검은색 화장품은 주로 망간으로 만들었다. 망간이란 검은색의 광물질인데 쉽게 설명하자면 예전에 우리가 주로 많이 사용했던 망간전지라는 것이 있다. 이 전지를 분해해서 속을 들여다 보면 검은색 모래가루 같은 것이 쏟

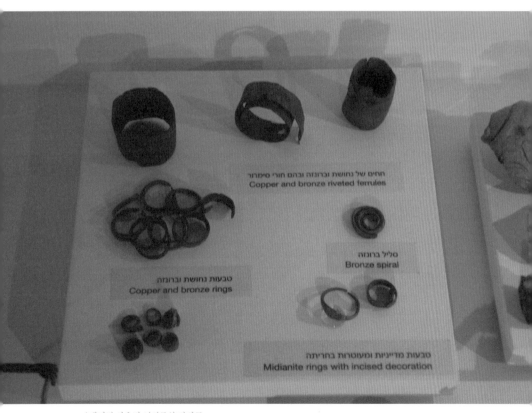

1세기경 사용된 여인들의 장신구

아져 나오는데 바로 이것이 망간이다. 이 검은색 망간에 물이나 올리브 기름 또는 나무의 수액으로 개어서 눈꺼풀과 속눈썹에 그렸던 것이다.

재미있는 것은 욥이 고난을 모두 이겨낸 후에 하나님께서 욥에게 많은 축복을 주셨는데 아들 일곱과 딸 셋을 주셨다. 그런데 욥기서의 맨 마지막 장인 42:14을 보면 일곱 아들의 이름은 나오지를 않지만 세 명의 딸의 이름은 기록이 되어 있는 것을 볼 수가 있다.

그 딸의 이름이 첫째 딸은 여미마Jemima 둘째 딸은 굿시아 셋째 딸은 케렌 합북keren happuch이다. 그런데 셋째 딸의 이름인 케렌 합북은 바로 눈에 바르는 화장품을 담는 뿔이라는 뜻이다.

도대체 욥은 그 셋째 딸의 이름을 눈에 바르는 화장품을 담는 뿔이라고 지어 주었을까? 그 셋째 딸의 눈이 눈에 화장품을 바른 것처럼 예뻐서 그렇게 지었을까? 아니면 눈에 바르는 화장품을 담는 뿔처럼 생겼기 때문에 그런 이름을 지어 준 것일까?

예루살렘 올드시티의 고고학 박물관에 가보면 화장품을 담았던 종지그릇과 함께 나란히 전시되고 있는 것이 바로 화장을 할 때 사용했던 기구들이다. 상아와 동물의 뼈로 된 작은 수저들은 화장품을 퍼서 얼굴에 바를 때 사용하는 것이다. 그리고 작은 핀셋들도 있으며 반짝거리는 금속판도 함께 있다. 이것이 바로 손거울이다.

손거울의 역사는 꽤나 오래 되는 것 같다. 출애굽기 38장에 보면 모세와 이스라엘 백성들이 광야에서 성막을 만들 때 그 안에 들어가는 성물을 만들면서 놋으로 된 물두멍을 만드는 장면이 나온다. 38장 8절에 보면 "그가 놋으로 물두멍을 만들고 그 받침도 놋으로 하였으니 곧 회막 문에서 수종드는 여인들의 거울로 만들었더라"라고 기록되어 있다. 이때 이스라엘 여인들이 사용했던 손거울들은 모두 애굽에서 가져 오거나 애굽의 기술을 전수 받아 만든 것이 대부분이었다. 그래서 이집트에서 발굴되는 손거울이나 이스라엘에서 발굴되는 손거울은 그 모양과 크기가 서로 크게 다르지 않다.

성전의 회막문에서 수종드는 여인들이 놋으로 된 거울을 갖고 있었을 정도였으니 다른 일반 여인들은 당연히 손거울을 갖고 있었을 것이라는 예상을 할 수가 있는 것이다. 그만큼 손거울은 구약 때부터 이스라엘의 여인들에게는 아주 중요한 필수품이자 또 쉽게 구할 수 없는 귀한 물건이었다. 사과 크기 만한 동그란 손거울에서부터 계란 크기 만한 손거울이다.

현재 예루살렘의 고고학 박물관에서 전시중인 손거울은 손바닥 만한 거울인데 그 표면은 너무 오래 되어 반짝거리지는 않았지만 그런 손거울이 여러 개 발굴된 것만으로 봐도 그 집이 얼마나 부유하고 잘 사는 집인지를 대략 알 수가 있는 것이다.

아무리 뜨거운 지방에서 사는 여인들이라고 하더라도 늘 손거울을 통해 자신의 얼굴을 들여다보고 또 머리를 다듬거나 가벼운 눈화장을 할 때에는 반드시 손거울을 사용했던 것이다. 그러나 역시 그때에도 돈이 많고 부유한 집안의 여인들은 분명히 얼굴에 화장을 많이 하고 장신구를 많이 갖추고 있었던가 보다.

그러니까 사도바울이 그런 여인을 향해 외모를 치장하는 것으로 자신을 나타내지 말라고 했을 것이다. 베드로전서 3:3에 "너희의 단장은 머리를 꾸미고 금을 차고 아름다운 옷을 입는 외모로 하지 말고 오직 마음에 숨은 사람을 온유하고 안정한 심령의 썩지 아니할 것으로 하라 이는 하나님 앞에서 값진 것이라"라고 했다.

바울이 이렇게 이야기를 할 수밖에 없었던 것이 그 당시 여인들은 손거울을 보면서 머리핀이나 빗핀 등으로 머리를 장식하는 것을 즐겨했기 때문이다. 주로 황동이나 금으로 된 것들인데 꽃모양도 있었고 나뭇가지 모양도 있었다. 귀걸이도 하고 다녔었는데 여자들은 당연히 귀걸이를 하는 경우가 많았지만 놀랍게도 남자들 역시 귀걸이를 하고 다니는 사람들이 패나 있었다.

창세기 35장에 보면 야곱이 하나님으로부터 벧엘에 가서 하나님의 제단을 쌓으라는 말씀을 듣고 떠나면서 집안사람들과 주변에 있던 자들로부터 물건을 받는 장면이 나온다.

창세기 35:1~4을 살펴보자. "하나님이 야곱에게 이르시되 일어나 벧엘로 올라가서 거기 거주하면 네가 네 형 에서의 낯을 피하여 도망하던 때에 네게 나타났던 하나님께 거기서 제단을 쌓으라 하신지라 야곱이 이에 자기 집안사람과 자기와 함께 한 모든 자에게 이르되 너희 중에 있는 이방 신상들을 버리고 자신을 정결하게 하고 너희들의 의복을 바꾸어 입으라 우리가 일어나 벧엘로 올라가자 내 환란 날에 내게 응답하시며 내가 가는 길에서 나와 함께 하신 하나님께서 내가 거기서 제단을 쌓으려 하노라 하매 그들이 자기 손에 있는 모든 이방 신상들과 자기 귀에 있는 귀고리들을 야곱에게 주는지라 야곱이 그것들을 세겜 근처 상수리 나무 아래에 묻고..." 야곱과 에서의 시대에 그때의 남자들도 귀고리를 하고 있었다는 것을 알 수가 있는 대목이다.

요즘 우리나라에서도 남자들이 귀고리를 하는 경우를 많이 보기는 하지만 이 같은 현상도 역시 최근 들어서 많이 나오는 것이지 불과 몇 십 년 전만 해도 남자들이 귀고리를 한다는 것은 상상하기 힘든 일이었다.

그러나 출애굽기 32:2~3까지 보면 그당시 이스라엘 백성들은 남자나 여자, 그리고 아이들까지 모두 귀고리를 하고 있었다. 귀고리는 주로 금이나 은이었다. 그러니 그 작은 귀고리를 모아서 황금 송아지를 만들었던 것이다. 이들이 만든 황금 송아지는 작은 책상 위에 올려놓을 만한 크기가 아니다. 빨간 돼지 저금통 크기의 송아지가 아니었다. 그 당시 그들이 만든 황금 송아지는 최소한 어른 키만한 것이었다. 그렇게 큰 황금 송아지를 금귀고리를 모아서 만들었을 정도였으니 얼마나 많은 금귀고리가 모였다는 것일까?

그만큼 귀고리를 한 사람이 많았다는 것이다. 이때는 주로 귀를 뚫어서 귀고리를 했지만 예수님 당시에는 율법에 의해서 귀를 뚫는 것이 금지 되었다.

모세와 아브라함 시대에는 몸에 구멍을 뚫어도 상관이 없던 시기였기 때문에 귀를 뚫는 것 뿐만이 아니라 코를 뚫는 경우도 있었다. 아브라함이 종을 시켜서 리브가에게 준 것도 코걸이였다

창세기 24:30에 "그의 누이의 코걸이와 그 손의 손목고리를 보고 또 그의 누이 리브가가 그 사람이 자기에게 이같이 말하더라 그때에 그가 우물 가 낙타곁에 서 있더라"라고 기록이 되어 있으며 창세기 24:47에 보면 "내가 그에게 묻기를 네가 뉘 딸이냐 한즉 이르되 밀가가 나홀에게서 낳은 브두엘의 딸이라 하기로 내가 코걸이를 그 코에 꿰고 손목고리를 그 손에 끼우고..."라고 적혀 있다. 그러나 이런 코걸이 풍습도 그 후부터 곧바로 사라지게 된다.

사람의 몸에는 하나님과 나만의 약속을 기록하는 것 외에 아무것도 인위적인 흔적을 남겨서는 안된다는 율법을 따르기로 하게 되는 것이다.

여인들이 사용했던 머리빗

그때에도 의사는 있었다
응급처치
그들만의 민간요법
외과수술의 선두주자
할례식 과정
아프면 약국으로

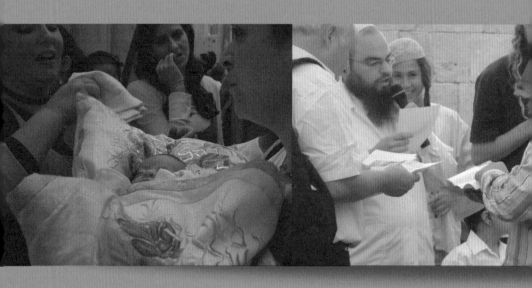

05

아프면 어떻게 했을까?

29.
그때에도 의사는 있었다

예수님은 공생애 기간 동안 많은 병자들을 고쳐 주셨다. 그 당시, 다른 사람도 아닌 예수님으로부터 직접 병을 고침 받은 사람들은 아마도 인류중에서도 가장 축복받은 사람이 아닐까? 예수님 당시나 2천 년의 세월이 흐른 지금 아무리 의학이 발달했다 해도 병자들은 줄어들지는 않았다.

하나님께서 에덴동산을 만드시고 그 속에서 살도록 인간을 만들었을 때만 해도 질병이라는 단어는 아마도 없었을 것이다.

하지만 인류는 그때부터 지금까지 질병에서 헤어 나오지 못하고 있다. 예수님 당시에도 많은 사람들이 질병으로 고생을 했고 또 그 질병을 치료하기 위한 노력도 역시 있었다. 그렇다면 예수님 당시의 팔레스타인 사람들은 주로 어떤 질병으로 고생을 했으며 그 질병의 치료법은 어땠을까? 또 다쳐서 상처를 입었을 때나 각종 전투에서 부상을 입은 사람들은 어떤 의약품으로 어떤 사람들이 치료를 어떻게 했을까?

우선 그 당시의 사람들은 주로 어떤 질병으로 고생을 했는지를 알려면 예수님이 치료를 해 주신 병자들을 살펴보면 대략 알 수가 있다. 성경에 적혀 있는 대로 예수님은 절름발이나 앉은뱅이, 맹인과 같은 신체적 장애를 입은 사람들을 고쳐 주셨다. 그리고 또 성경에는 나환자나 혈루증을 앓고 있는 사람도 등장을 하고 전염병을 앓고 있는 사람들도 등장을 한다. 그 당시에는 특히 건조한 기후에 의한 피부과 질병이나 전염병이 심했고 수질이 좋지 못해서 생기는 이질 같은 병도 많았었다.

　유대 역사가 요세푸스가 기록한 책에 보면 AD 70년에 로마에 의해서 예루살렘이 멸망할 때는 3년씩이나 로마 군사들이 예루살렘을 포위하고 있을 당시 예루살렘 성안에서는 전염병과 이질 등의 전염병이 창궐했다고 기록되어 있다. 높은 성벽에 둘러 쌓인 예루살렘은 피부 각질에 생긴 각종 전염병의 병균들이 대기중에 가득해서 왠만한 사람들은 그 병에 걸리지 않을 수가 없었던 것이다.

　특히 나환자나 피부병 환자들은 예루살렘 성에서 멀리 떨어지지 않은 감람산의 뒤편 베다니 마을에 따로 나환자 촌을 만들었을 정도였으니까. 감람산 뒤쪽에 나환자 촌을 만든 이유는 바람이 항상 예루살렘 성 쪽에서부터 감람산 쪽으로 불었기 때문에 만에 하나 나환자 촌에서 발생하는 전염성 병균이 예루살렘 성안으로 들어오지 못하게 하기 위해서였다.

　그러니까 질병은 만연한데 그에 따른 적절한 치료법이 발달하지 않아서 치료를 한다는 것은 엄두도 못내고 그저 운명으로 받아들이며 고통스러워 할 수밖에 없었던 것이다. 주변 사람들이 환자를 위해 기껏 할 수 있는 것이 그저 격리시키는 것밖에 없었던 것이다.

　예수님께서 어떤 성읍에 들어가시면 사람들은 의사를 기다려 왔다는 듯이 주변에 있는 병든 친구들이나 친척들을 데리고 예수님 앞에 나올 만큼 어느 마을이나 늘 환자들로 북적였다.

마가복음 6:56에 보면 "아무 데나 예수께서 들어가시는 지방이나 도시나 마을에서 병자를 시장에 두고 예수께 그의 옷 가에라도 손을 대게 하시기를 간구하니 손을 대는 자는 다 성함을 얻으니라" 라고 기록되어 있다. 그래서 예수님의 일정을 미리 파악한 사람들은 환자들을 데리고 예수님이 지나가시는 길목에 미리 진을 치고 앉아서 기다리고 있는 일이 많았다. 그러면 예수님은 그들을 마다하지 않고 모두 다 고쳐 주셨다.

마태복음 8장에 보면 예수님은 나병환자를 고쳐 주셨고, 중풍병으로 고생하고 있는 백부장의 하인을 고쳐 주셨고, 베드로 장모의 병도 고쳐 주셨으며 귀신들린 자들도 고쳐 주셨다.

예수님은 그 당시의 가장 능력있는 치료자였고 질병 치료에 있어서는 절대로 불가능한 것이 없는 분이었기 때문이었다.

물론 예수님 당시에도 허가받은 의사가 있었다. 마가복음 5:25~29까지 보면 "열두 해를 혈루증으로 앓아온 한 여자가 있어 많은 의사에게 많은 괴로움을 받았고 가진 것도 다 허비하였으되 아무 효험이 없고 도리어 더 중하여졌던 차에 예수의 소문을 듣고 무리 가운데 끼어 뒤로 와서 그의 옷에 손을 대니 이는 내가 그의 옷에만 손을 대어도 구원을 받으리라 생각함일러라 이에 그의 혈루 근원이 곧 마르매 병이 나은 줄을 몸에 깨달으니라" 라고 적혀 있다

열두 해 동안 혈루증을 앓아온 여인을 위해서 여러 명의 의사들이 치료를 시도했지만 그 여인의 질병은 치료 되지 않았다. 치료를 하면서 치료비까지 받은 의사들은 결국 그 여인의 모든 재산을 소비하도록 했다. 그런데도 병이 고쳐지지 않은 것이다.

이 같은 사실만 보더라도 그 당시에는 의사들이 참 많이 있었고 또 의료행위 뒤에 받는 치료비 또한 만만치 않았다는 것을 알 수가 있는 것이다. 물론 일반인 보다야 의학에 관한 지식이 더 많았겠지만 지금처럼 의학이

발달하지 않았던 시대였기 때문에 치료 완치율은 상상할 수 없을 만큼 떨어졌다. 그럼에도 불구하고 치료과정에서 일반인들은 감당하기 조차 힘들 만큼의 값비싼 댓가를 받았다. 그래서 그 당시 사람들은 질병으로 고생할 때 의사를 찾아갈 수밖에 없으면서도 또 한편으로는 의사들에 대한 감정이 그다지 좋지가 않았던 것이다.

의사에 대한 불만은 예수님께서도 표현하셨다. 누가복음 4:23에 보면 "예수께서 그들에게 이르시되 너희가 반드시 의사야 너 자신을 고치라 하는 속담을 인용하여 내게 말하기를 우리가 들은 바 가버나움에서 행한 일을 네 고향 여기서도 행하라 하리라"라고 하셨다.

지금과 마찬가지로 그때에도 역시 과다한 진료비는 문제가 되었다. 과다한 진료비 만큼 치료가 된다면 모르지만 그렇지도 않은 상태에서 과다한 진료비는 당연히 불만을 가지지 않을 수가 없었다.

그렇지만 그 반대로 또 너무 값싼 진료비도 문제가 되었다. 너무 지나치지도 않게 그리고 너무 저렴하게 받지 말고 적정량을 받아야 하는데 그게 말처럼 잘 되지 않았던가 보다. 그런데 예수님은 단 한 푼의 진료비도 받지 않고 병자들을 완치해 주었으니 아마도 그 때 당시 기득권자에게는 여러모로 예수님이 눈엣 가시가 되지 않을 수 없었다.

신약성경에는 그 당시 의사였던 사람이 쓴 책도 있다. 바로 누가복음이다. 누가는 사도바울과 함께 동역했던 사람인데 원래의 직업은 의사였다. 골로새서 4:14에 보면 바울은 누가를 가리켜서 "사랑을 받는 의사 누가와 또 데마가 너희에게 문안하느니라"라고 기록했다.

그런데 누가가 얼마나 실력이 있는 의사였는지는 알 수가 없다. 하지만 바울과 함께 전도 여행을 떠나면서 바울이 로마에서 마지막으로 감옥에 들어갈 때까지 바울과 함께 있었다.

장거리 여행과 일정하지 않은 식사 생활, 매번 바뀌는 잠자리 그리고 잦은 감옥 생활 등으로 육체적 나약함으로 고생했던 바울에게 누가는 분명히 의사로서 많은 도움을 주었다. 아마도 바울이 누가와 함께 전도 여행을 하지 않았다면 질병으로 더 이상 전도 여행을 할 수가 없었거나 아니면 그 보다 훨씬 더 먼저 세상을 떠날 수도 있었을 것이다.

그리고 바울과 함께 전도 여행을 하면서 누가는 가는 곳마다 병자들을 고쳐 주고 진료비를 받았다. 누가가 고치는 병은 예수님이 베푸신 기적의 차원이 아니라 의학 공부를 한 의사로서 진료를 해 주었던 것이다.

그렇게 해서 받은 진료비는 바울과 전도 여행하는데 적지 않은 도움을 주었던 것이 분명하다. 누가가 이렇게 환자들을 돌보고 치료할 수 있었던 것은 의료학교를 나왔기 때문인데 정확히 어디에서 의료 학문을 배웠는지는 알 수 없지만 그 당시 이집트에는 꽤나 큰 의료학교가 있었다.

BC 3천년 경에 이집트의 알렉산드리아에는 의료학교가 있었는데 이곳에서는 놀랍게도 외과수술을 할 수 있을 정도까지의 실력을 갖춘 곳이었다. 이집트에서 발굴된 유해들을 보면 이미 BC 3천년 경에 사망한 것으로 보이는 사람의 두개골에는 외과 수술을 한 흔적이 발견되었기 때문이다. 뿐만 아니라 그때 당시에 기록된 문서에 의하면 두뇌가 입을 수 있는 열 가지 상처에 대한 치료법이 자세하게 기록이 되어 있었고 환자들은 채식을 할 것을 주문하는 내용도 기록되어 있다고 한다.

물론 지금의 의학 상식으로 본다면야 아주 기초적이고 원시적인 수준이라고 볼 수 있지만 어쨌든 그렇게나 오래전부터 체계적으로 의술을 가르치려고 정리를 했다는 것은 놀라운 일이 아닐 수 없다.

그때 당시 이집트에서는 의료 기술을 주로 노예들에게 가르쳤다고 한다. 그렇게 배운 의료기술로 많은 사람들을 치료해 주면 그 댓가로 노예 신분에서 해방 시켜 주었던 것이다. 이렇게 이집트에서 의술을 배운 사람들은 세계 각지로 퍼져 나가 또 다시 의술을 다른 사람들에게 가르쳤는데 아마도 누가 역시 이런 경로를 통해 의술을 배운 것이 아닐까 생각이 된다.

그 당시 의사들도 나름대로 각자의 분야가 있었다. 예수님 당시의 마을에서 활동하던 의사들 중에는 일반 의사에서부터 외과 의사, 치과의사, 산부인과 의사, 그리고 정신과 의사도 있었기 때문에 환자들은 각자의 증상에 따라 의사들을 골라서 찾아갔던 것이다. 그러나 그때에도 이 모든 병들을 완벽하게 치유할 수 있다며 환자들을 유혹하는 신비주의자들 다시 말해서 무당과 같은 사람들도 어느 마을에나 반드시 있었다 . 외과 의사들은 칼과 해부용 메스, 핀셋, 톱, 그리고 집게를 포함해서 다양한 의료 기구를 갖추고 있었다. 유대인 의사 중에는 백내장으로 고생하는 사람들의 눈을 수술하기도 했었고 또 뇌수술도 종종 했었다.

이스라엘의 고고학 지역에서 발굴되는 유골들을 보면 사람의 두개골을 네모 형태로 절단했다가 다시 봉합했던 흔적이 발견되기도 했다.

이 환자는 두개골 수술을 받은 뒤에 일정 기간 생존했다가 사망했던 것으로 보이기도 하고 또 어떤 유골에서는 두개골을 절단했다가 봉합하기를 여러 번 반복했던 흔적도 발견이되고 또 어떤 유골에서는 두개골을 절단했다가 그곳에 철판을 덧된 흔적도 발견 된다.

아마도 다양한 수술방법이 있었던 것이다. 그런가하면 어떤 유골에서는 두개골을 절단했다가 봉합하지 못한 채로 그대로 사망한 유골도 발견되었는데 이것은 아마도 외과 수술이 항상 성공적이지는 않았다는 것을 알 수가 있는 것이다.

어떤 발굴지에서는 2천 년 전에 사용되었을 것으로 보이는 의족이 발견되기도 한다. 이것은 궤사 등으로 인해 발목이 절단되거나 또는 사고로 다리가 절단된 사람들을 위해 사용되었던 것이다. 그 당시에 절단 수술도 함께 시술되었다는 증거이다. 그래서 유대인들이 읽는 탈무드에 보면 안식일에는 의족이나 의수를 사용하지 말라고 적혀 있기도 하다.

30.
응급처치

누가복음 10:30~34을 보면 예수님이 어느 율법학자들에게 진정한 이웃에 대해서 말씀하신 아주 유명한 예화가 나온다. "예수께서 대답하여 이르시되 어떤 사람이 예루살렘에서 여리고로 내려가다가 강도를 만나매 강도들이 그 옷을 벗기고 때려 거의 죽은 것을 버리고 갔더라 마침 한 제사장이 그 길로 내려가다가 그를 보고 피하여 지나가고 또 이와 같이 한 레위인도 그곳에 이르러 그를 보고 피하여 지나가되 어떤 사마리아 사람은 여행하는 중 거기 이르러 그를 보고 불쌍히 여겨 가까이 가서 기름과 포도주를 그 상처에 붓고 싸매고 자기 짐승에 태워 주막으로 데리고 가서 돌보아 주니라"

여기서 사마리아 사람은 강도를 당해서 깊은 상처를 입고 거의 죽음에 이르게 된 사람을 보고 다가가서 치료해 주는 장면이 나오는데 이때 사마리아 사람이 심하게 다친 사람에게 치료를 해 준 것은 바로 상처 부위에 기름과 포도주를 상처에 붓는 것이었다.

이때 상처를 치료해 준 사마리아 사람은 의학 상식이 있는 사람이 아니었고 의사 면허가 있는 사람은 더더욱 아니었다. 그럼에도 불구하고 이 사마리아 사람은 상처를 입은 사람을 보고 마치 응급처치에 대한 교육을 받은 사람처럼 아주 능수능란하게 기름과 포도주를 상처에 부으면서 치료를 해 준 것이다. 이것은 그 당시의 사람들이라면 누구나 다 알고 있는 응급처치법이었다.

외상을 입어서 피부가 상처를 입고 피가 났을 때는 우선 포도주를 부어서 살균과 소독을 했다. 포도주에 포함되어 있는 알콜 성분이 감염된 상처 부위를 살균 시켜주는 역할을 했던 것이고 또 기름은 상처를 아물게 하는 효과가 있었다.

이때 사용된 기름은 물론 올리브 기름이었다. 그 당시 사람들은 상처를 입게 되면 이런 식으로 먼저 포도주를 부은 다음에 올리브 기름을 다시 붓는 식으로 치료를 하기도 했지만 또 어떤 사람들은 포도주와 올리브 기름을 한꺼번에 섞어서 상처에 붓기도 했었다. 이런 식의 치료방법은 때로는 놀라운 효과를 발휘하기도 했다.

마가복음 6장13절에 보면 예수님의 제자들이 흩어져서 전도를 하고 또 병자를 치료하는 장면이 나오는데 이때 예수님의 제자들은 귀신들린 자들을 고치기도 했고 또 병자들에게 기름을 발라 고치기도 했었다고 기록이 되어 있다.

그리고 포도주는 그 당시에 만병통치약 중에 하나였다. 대부분 병이 생기면 뚜렷하게 무엇을 어떻게 치료해야 좋을지 모를 때 포도주를 마시게 했다. 어떤 사람이 대단하지 않은 병으로 고생을 하거나 정신을 잃게 된다면 포도주를 몇 모금 마시게 했고 그러면 정신이 일시적으로 맑아지거나 흥분된 감정이 가라앉게 되기도 했었다. 일종의 민간요법이었던 것이다.

팔레스타인과 같은 중동지방에서는 물에 석회질이 많이 포함되어 있다.

그래서 이런 물을 많이 마시다 보면 자연스럽게 담석증에 걸리는 경우가 많은데 역시 포도주를 자주 마시면 그 담석이 몸속에서 녹아내린다고 알려져 있다. 그래서 이스라엘 사람들은 피를 맑게 하고 원기가 회복되는 것으로 포도주를 즐겨 마셨던 것이다.

31.
그들만의 민간요법

필자는 몇해 전인가 이스라엘의 남쪽에 있는 홍해에 갔다가 그 푸르고 아름다운 바닷물에 반해 아무 준비없이 그대로 뛰어 들어간 적이 있었다. 역시 예상했던 것처럼 홍해 속은 너무나 아름다웠고 우리가 수족관에서나 볼 수 있었던 형형색색의 열대어들이 바닷속에서 헤엄을 치고 있었다. 뿐만 아니라 그 모양도 가지각색의 아름답고 신비로운 산호들을 들여다보면서 감탄을 금치 못했었다. 그런데 나는 그 홍해 속에서 실수로 검은 가시가 삐죽 삐죽 튀어 나와 있는 성게를 맨발로 밟고 말았다.

순간적으로 고통을 느낀 나는 빠르게 바닷물 속에서 절룩거리며 뛰어 나왔지만 이미 내 발바닥에는 수백 개의 검은 성게 가시가 깊숙이 박혀 있었다. 워낙 작고 가느다란 성게 가시였기 때문에 그것을 손가락을 빼 낸다는 것은 정말 불가능한 일이었다. 더군다나 바닷물 속의 온갖 미생물들이 그 성게 가시의 표면에 달라붙어 있을지도 모르는 일인데 그 가시들이 발바닥에 수백 개가 박혀 있으니 정말 난감하기가 이를데없는 노릇이다. 더군다나 주변에는 응급처리를 할 만한 의약품을 소지하고 있는 사람도 없었고 병원이나 약국은 더더욱 찾아볼 수가 없었다. 이 상황을 어떡해야 하나 가시가 박힌 발바닥을 붙잡고 동동 거리고 있을 때 이집트 원주민이 나에게 다가와서 한번 씨익 웃어 보이더니 아주 침착하게 응급처치를 해 주었다.

그 이집트 원주민이 준비한 응급처치 용품은 아주 간단했다. 작은 종자기 그릇에 담긴 올리브 기름과 잘게 빻은 마늘이었다. 그리고 마지막으로 준비한 것이 바로 일회용 라이터였다. 이집트 원주민은 우선 내 발바닥에 빼곡히 박혀 있는 성게 가시들을 칼로 면도하듯이 깎아냈다. 물론 성게 가시는 아직도 발바닥에 깊숙이 박혀 있는 상태였다.

그런 다음에 마늘을 잘게 빻아서 담근 올리브 기름을 내 발바닥에 조심스럽게 바르더니 그 다음엔 일회용 라이터로 불을 붙여서 발바닥을 지지는 것이었다. 라이터 불로 발바닥을 지지는 일은 성게 가시가 발바닥에 박힐 때의 고통보다 훨씬 더 아팠다. 그러나 그렇게 해야만 성게 가시에 붙어 있을지 모르는 각종 미생물들이 발바닥 피부 속에서 부작용을 일으키지 못하게 하는 것이라고 했다.

가장 중요한 것은 올리브 기름과 마늘의 역할이라고 했다. 마늘의 성분이 발바닥 피부 속깊숙이 파고 들어가 성게 가시를 녹여 낸다는 것이었다. 그리고 혹시 덧나게 될지도 모르기 때문에 올리브 기름이 그 역할을 감당해 낸다고 했다. 그렇게 민간요법으로 응급처치를 받은 후 정말 신기할 정도로 며칠 되지 않아서 통통 부어 있었던 발바닥의 붓기는 빠졌고 또 통증도 사라졌다.

도대체 그 이집트 원주민은 이런 민간요법을 어떻게 알았을까? 이미 그 선조들이 그렇게 해 왔고 그들은 그런 일이 발생할 때 마다 이런 식으로 치료를 해 왔다고 했다. 뿐만 아니라 내가 언젠가 이스라엘의 남부 네게브 사막에 있는 베두인 텐트에서 하룻밤을 잘 때도 유목민들은 내게 또 다른 민간 요법을 알려 주었다.

주변에 병원도 없고 약국도 없고 비상 상비약도 준비되지 않은 채 살아가는 사막의 유목민들은 몸이 아플 때 어떻게 치료를 할까? 그 베두인은 나를 들판에 데리고 다니면서 네게브 들판의 여기저기에 자라고 있는 야생초들을 하나하나 가르키며 이 들풀은 감기에 걸렸을 때 좋고, 또 이 들풀은 소화불량에 걸렸을 때 좋고, 또 다른 들풀은 두통에 직효라면서 설명을 해 주었다.

현대 의학이 아닌 화학 약품으로 질병을 치료하는 것이 아닌 자연에서 추출한 여러 가지 약초와 물질로 질병을 치료하고 있는 그들의 지혜를 엿볼 수가 있었다.

할례라는 뜻의 히브리어 브릿트 밀라는 남자 성기 표피를 잘라내서 나는 하나님의 백성임을 확인시켜 주는 일종의 계약 의식이라고도 볼 수 있는 것이다.

32.
외과수술의 선두주자

이스라엘에서 가장 대중적인 외과 수술행위는 역시 할례였다. 이스라엘에서는 예수님 당시나 2천 년이 지난 지금이나 사내아이라면 누구나 태어난지 8일 째 되는 날 할례식을 거행했다.

할례식이란 남자 어린아이의 성기의 표피를 잘라내는 행위인데 히브리어로 브릿트 밀라라고 한다. 브릿트라는 말은 계약을 뜻하고 밀라는 남자의 성기 표피를 잘라내는 행위를 말한다. 그러니까 할례라는 뜻의 히브리어 브릿트 밀라는 남자 성기 표피를 잘라내서 나는 하나님의 백성임을 확인시켜 주는 일종의 계약 의식이라고도 볼 수 있는 것이다. 그래서 유대인들은 남자 아이가 태어난지 8일 째 되는 날 할례식을 거행한다.

그렇다면 유대인들은 왜 할례식을 하는 것일까? 창세기 17:1~14을 보면 하나님께서 아흔 아홉 살이 된 아브람에게 나타나 이렇게 말씀하신다. "나는 전능한 하나님이라 너는 내 앞에서 행하여 완전하라 내가 내 언약을 나와

너 사이에 세워 너로 심히 번성케 하리라 하시니 아브람이 엎드린대 하나님
이 또 그에게 일러 가라사대 내가 너와 내 언약을 세우니 너는 열국의 아비
가 될지라 이제 후로는 네 이름을 아브람이라 하지 아니하고 아브라함이라
하리니 이는 내가 너로 열국의 아비가 되게 함이니라 내가 너로 심히 번성케
하리니 나라들이 네게로 좇아 일어나며 열왕이 네게로 좇아 나리라 내가 내
언약을 나와 너와 네 대대 후손의 사이에 세워서 영원한 언약을 삼고 너와
네 후손의 하나님이 되리라 내가 너와 네 후손에게 너의 우거하는 이 땅 곧
가나안 일경으로 주어 영원한 기업이 되게하고 나는 그들의 하나님이 되리라.

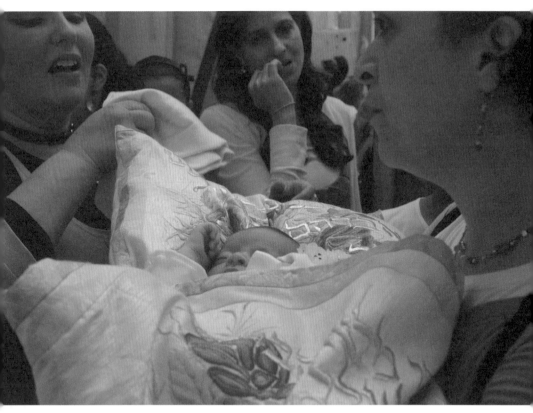

할례식을 위해 기다리는 아기

하나님이 또 아브라함에게 이르시되 그런즉 너는 내 언약을 지키고 네 후손도 대대로 지키라 너희 중 남자는 다 할례를 받으라 이것이 나와 너희와 너희 후손 사이에 지킬 내 언약이니라 너희는 양피를 베어라 이것이 나와 너희 사이의 언약의 표징이니라 대대로 남자는 집에서 난 자나 혹 너희 자손이 아니요 이방사람에게서 돈으로 산자를 무론하고 난지 팔 일만에 할례를 받을 것이라 너희 집에서 난 자든지 너희 돈으로 산 자든지 할례를 받아야 하리니 이에 내 언약이 너희 살에 있어 영원한 언약이 되려니와 할례를 받지 아니한 남자 곧 양피를 베지 아니한 자는 백성 중에서 끊어지리니 그가 내 언약을 배반하였음이니라" 이 말씀에 따라 아브람은 이름을 아브라함이라 바꾸게 되었고 아흔 아홉 살이 되었음에도 불구하고 마침내 할례를 행한 것이다.

이때 아브라함은 자신뿐만 아니라 자신의 아들과 집에서 일하는 모든 남자들을 불러다 할례를 시켰다. 이렇게 할례를 함으로써 자신이 하나님의 백성임을 확인시키는 표시를 몸에 한 것이다. 그 당시에는 얼굴 모양이나 생김새가 완연히 다른 민족들이 아브라함 앞에 나타나는 경우가 없었다. 그만큼 민족간의 이동이 활발하지 않았기 때문이다.

그 대신 생김새도 비슷하고 외모가 똑같기는 하지만 서로 다른 종족을 만나는 경우는 많았다. 이때 서로 다른 종족임을 확인하기 위해 몸에 문신을 하거나 몸에 상처를 내서 종족 표시를 하는 경우가 많았는데 아브라함의 백성들은 이렇게 할례를 함으로써 표시를 할 수가 있게 된 것이다.

유대민족이 아닌 다른 민족이 할례를 하는 경우는 없었다. 오히려 할례를 하는 것이야 말로 말할 수 없는 수치라고 생각을 했던 것이다. 그래서 사울왕은 다윗에게 자신의 딸 미갈과 결혼하기를 원한다면 블레셋 남자들의 양피를 백 개 구해 오라고 부탁을 했는데 양피란 남자 성기의 끝부분 표피를 말하는 것이다. 그러나 다윗은 사울의 주문인 백 개의 양피가 아닌 2백 개의 양피를 구해다 주었다.

어쨌든 하나님께서 아브라함에게 할례를 명하셨고 아브라함은 그 명령에 따라 자신을 포함한 자신의 백성들과 함께 할례를 행하였다. 그래서 유대인들도 할례를 해 왔으며 지금까지도 그 전통은 변함없이 진행되어 오고 있는 것이다.

하나님과 나와의 언약의 표시, 계약의 표시인 할례는 그래서 그 과정도 무척이나 신성하게 진행된다. 오늘날 우리처럼 외과 병원에서 의사가 마취를 시켜서 하는 것이 아니라 마치 일종의 의식처럼 행하는 것이다.

우선 유대인의 가정에서 남자 아이가 태어나면 이름을 짓지 않는다. 우리처럼 아기가 태어나기도 전에 미리 이름을 정해 놓거나 태명을 정해서 부르는 것이 아니다. 아기가 태어나도 8일 째가 될 때까지 절대로 이름을 정해 놓지 않다가 8일 째가 되면 마침내 할례식을 거행한다.

이날이 마침 안식일이거나 안식일 중에서도 아주 중요한 안식일인 대 속죄일이라고 해서 할례를 안 하는 것은 아니다. 안식일을 철저하게 지키는 유대인일지라도 아기가 태어난 지 8일 째 되는 날이라면 그날이 비록 안식일이라고 해도 할례식은 반드시 거행을 한다.

그러나 태어난 아기가 너무 미숙아 이거나 아기가 아파서 도저히 외과적 수술과도 같은 할례를 진행하기에 무리가 온다고 하면 날짜를 잠시 연기하는 경우는 있다. 어쨌든 아기가 태어난 지 8일 째 되는 날 오전이 되면 가정이나 유대인의 회당에 아기를 데려가는데 그 전날 이 집에선 한바탕 축제가 벌어진다.

이제 내일 아침이면 이 가정의 아들이 하나님 앞에서 몸에다 언약의 표시를 하게 되니 그 전날 아기의 가족과 친지들이 모여 음식을 먹고 마시며 축하 파티를 여는 것이다.

이 축하 파티를 히브리어로 '샬롬 자코르'라고 한다. 이제 내일 아침이면 아기는 하나님의 자녀가 되는데 그것을 가장 시기하고 질투하는 것이 바로 사탄이다. 그래서 그날 밤 사탄이 아기를 향해 가장 많은 공격을 하게 될지 모르기 때문에 가족들은 밤새워 아기를 위해 성경을 곁에서 읽어 준다. 밤새 사탄으로부터 아기를 보호하기 위해서다.

유대인들은 아기가 태어나면 그때부터 대부를 정해 놓는다. 그래서 아기가 성장하면서 아빠와 나누기 껄끄러운 대화를 대부와 함께 나누면서 인생의 멘토 신앙의 멘토 역할을 감당해 나가는 것이다.

33.
할례식 과정

유대인의 가정에서 할례식을 할 때는 보통 거실에서 진행된다. 그런데 필자는 언젠가 이스라엘의 헤브론에 있는 막벨라 사원에 갔을 때 그곳의 유대인 구역에서 행해지는 할례식을 아주 운 좋게 지켜 볼 수가 있었다. 막벨라 사원이란 아브라함이 아내 사라를 위해 장사지를 돈 주고 구입한 곳으로 현재 이곳엔 사라의 무덤뿐만 아니라 아브라함의 무덤 그리고 이삭과 레아의 무덤 등이 자리잡고 있는 곳이다.

그곳에 들어갔을 때 이미 많은 유대인들이 모여서 촛불을 켜고 있었다. 그리고 찬양을 부르면서 모헬이라는 사람이 기다리고 있다. 모헬은 아기의 몸에 칼을 대는 사람을 말하는데 예전에는 아기의 아빠가 직접 했었지만 요즘은 외과적인 의술을 공부한 전문가가 그 역할을 대신한다. 모헬은 아빠가 아기를 데리고 오면 그 아기를 건네받아 아기가 누울 만한 크기의 의자에 앉히는데 이 의자를 가리켜서 엘리야의 의자라고 한다. 유대인들은 자기의 조상 중에서 아브라함을 가장 존경한다. 그리고 그 다음엔 모세를 존경하고 그 다음 세 번째로는 엘리야를 존경한다.

엘리야는 아합왕과 그의 왕비 이세벨이 하나님과의 약속을 어기고 이방신 바알을 섬겼지만 그와 끝까지 맞서 싸웠던 엘리야야 말로 충분히 존경받아야 한다고 생각하는 것이다. 그래서 아기를 엘리야의 의자라고 이름 붙여진 의자에 누인 다음 아기의 대부가 아이의 손을 붙잡는다.

유대인들은 아기가 태어나면 그때부터 대부를 정해 놓는다. 그래서 아기가 성장하면서 아빠와 나누기 껄끄러운 대화를 대부와 함께 나누면서 인생의 멘토요 신앙의 멘토 역할을 감당해 나가는 것이다.

이렇게 대부가 아기의 손을 붙잡으면 아기의 아버지는 칼을 들어 모헬에게 칼을 건네 준다. 이것은 아기의 아버지가 모헬에게 할례의 모든 의식의 권리를 넘겨주는 것을 뜻하는 것이다. 그럼 모헬은 한손으로 칼을 건네받고 드디어 아기의 성기 끝을 한 손으로 붙잡는다.

모헬이 아기의 성기 끝을 붙잡으면 아기는 울음을 떠뜨리게 되고 그 울음소리를 시작으로 드디어 모헬의 칼이 아기의 성기 끝 표피를 잘라낸다. 이런 작업은 간단하다. 그러나 그 과정 속에서 아기의 아빠와 모헬 사이엔 수많은 대화가 오고간다. 그 대화는 마치 천주교의 미사에서 주고받는 주문처럼 일정하고 약속된 대사들을 서로 주고받는 것이다.

예를 들어 모헬이 잠시 후 아기가 눕게 될 엘리야의 의자를 거실 한가운데로 옮겨 놓으면서 "이것은 엘리야의 의자입니다." 하고 이야기를 하면 주변에 같이 있는 사람들은 "그를 기억하는 자에게 복이 있기 바랍니다" 라고 화답을 하는 것이다.

이런 식의 대화는 할례를 시술하는 동안에도 계속 이루어진다. 그런데 놀라운 것은 아기가 태어난 지 8일 째 되는 날이 바로 아기의 몸에서 비타민 K가 가장 많이 만들어 내는 시기라는 것이다. 비타민 K는 사람의 몸에서 피가 났을 때 지혈을 시키거나 상처를 회복시키는 역할을 하는 효소이다.

하나님께서 아브라함에게 말씀하신 태어난 지 8일 째 되는 바로 그날이 이렇게 의학적으로 가장 중요한 날이라고 하니 그저 놀랍지 않을 수 없다. 이렇게 할례가 진행될 때 이 장소에는 여자들은 들어올 수 없다. 아기의 엄마는 다른 방에서 그저 열심히 기도를 하고 있어야 한다.

할례를 시술하고 난 다음 그제서야 비로소 아기의 이름이 지어지며 그 때부터 아기는 한 사람의 유대인으로서 그리고 하나님의 자녀로 인정을 받게 되는 것이다. 이렇게 유대인들은 아주 오래전부터 지금까지도 남자 아이들에게 할례식을 거행해 오고 있다.

그러나 예수님 당시에 예수님이 하늘로 승천한 이후 예수를 믿는 유대인들에게서 이 할례식은 커다란 논쟁이 되고 말았다. 초기의 기독교인은 대부분 유대인들이었는데 그러다가 이방인들까지도 예수를 믿는 개종자가 늘어나면서 논쟁이 일어나기 시작한 것이다. 그것은 기독교인 되기 위해서 이방인이 유대인이 되어야 하는지 아닌지 하는 문제에서 일어난 것이다. 따라서 이방인들이 유대인들의 종교인 예수를 믿는다고 해서 굳이 할례를 할 필요가 있는가가 가장 큰 논쟁거리였다.

할례는 인간이 하나님에 대한 언약의 징표이긴 하지만 예수 그리스도가 언약의 약속을 이룬 이상 더 이상 이러한 약속에 참여하기 위해서 굳이 이방인 개종자들까지 할례를 강요할 필요까지는 없지 않느냐는 것이었다.

다시 말해서 예수를 믿는 자가 되기 위해 굳이 유대인이 될 필요가 있겠느냐는 것이다. 그러나 그 당시 이미 예루살렘에서는 할례당이라는 조직까지 만들어져 있을 만큼 할례 의식에 아주 큰 의미를 부여하는 사람들도 많았다.

그러나 사도바울은 이 할례당 조직에 대해서 반대를 했었다. 할례가 아닌 믿음이 아브라함과 맺은 하나님의 언약이 더 크고 의미가 있다고 생각했던 것이다. 육신의 할례보다는 마음의 할례를 받아 깨끗해져서 하나님의 뜻을

　2천 년 전의 이스라엘

할례식을 거행하고 있는 모습

실천함에 몸을 바치는 것이 더 바람직한 일이라고 바울은 로마서 2:29에서 말했다. "오직 이면적 유대인이 유대인이며 할례는 마음에 할지니 영에 있고 율법 조문에 있지 아니한 것이라 그 칭찬이 사람에게서가 아니요 다만 하나님에게서니라"

이 문제의 중심에 있던 사람중에 하나가 바로 디모데였다. 디모데는 바울의 가장 귀한 동료이며 동역자 주에 한 사람이었는데 바울과 실라가 2차 선교 여행 중에 디모데의 고향 루스드라에서 만나게 된다. 그런데 디모데는 이미 어려서부터 어머니로부터 성경으로 훈련을 받은 자였지만 아버지는 헬라 사람이었다. 그런 디모데를 바울이 자신의 전도 여행에 합류시키기 위해서 디모데에게 할례를 받을 것을 제안하게 된다. 그것은 유대법에 따르지 않고 결혼하여 낳은 아들과 여행할지라도 유대인 가운데서 직접적인 방해를 받지 않고 일하려는 목적이 있었기 때문이었다.

이런 이야기는 사도행전 16:2~3까지 나와 있다. "디모데는 루스드라와 이고니온에 있는 형제들에게 칭찬받는 자니 바울이 그를 데리고 떠나고자 할새 그 지역에 있는 유대인으로 말미암아 그를 데려다가 할례를 행하니 이는 그 사람들이 그의 아버지는 헬라인인줄 다 앎이러라"

사도 바울은 갈라디아서 6:12~15에서 이렇게 이야기하고 있다. "무릇 육체의 모양을 내려 하는 자들이 억지로 너희에게 할례를 받게 함은 그들이 그리스도의 십자가로 말미암아 박해를 면하려 함뿐이라 할례를 받은 그들이라도 스스로 율법은 지키지 아니하고 너희에게 할례를 받게 하려 하는 것은 그들이 너희의 육체로 자랑하려 함이라 그러나 내게는 우리 주 예수 그리스도의 십자가 외에 결코 자랑할 것이 없으니 그리스도로 말미암아 세상이 나를 대하여 십자가에 못 박히고 내가 또한 세상을 대하여 그러하니라 할례나 무할례가 아무 것도 아니로되 오직 새로 지으심을 받는 것만이 중요하니라 "

몸에 칼을 대서 피부의 일부분을 잘라내 내가 하나님의 백성이라고 표시를 내는 것이 중요한 것이 아니라 내 마음속에 그리스도의 흔적을 남기고 내 마음으로 진정한 할례를 함으로써 하나님의 백성이 되는 것이 더욱 중요한 일이 아닐까?

그러나 정말 다행스럽게도 예루살렘 사도회의에서는 이방인들은 유대교 율법을 반드시 지키지 않아도 된다는 결론을 내렸다. 사도행전 15:19을 보면 '그러므로 내 의견에는 이방인 중에서 하나님께로 돌아오는자들을 괴롭게 하지 말고'라고 적혀 있다.

34.
아프면 약국으로

예수님 당시 유대인 사회에서는 놀랍게도 약국이라는 것이 있었다. 약국에 가면 주로 여러가지 풀로 된 약제들을 섞어서 약을 조제하기도 했었고 또 증상에 따른 미신적인 방법의 치료법도 알려 주고 돈을 받았었다.

예를 들면 어떤 사람이 눈에 티눈이 생기면 발바닥에 돈을 깔게 하기도 했었고 또 출혈을 막기 위해서는 환자에게 유리컵을 들고 길거리에 나가서 하루 종일 서 있게 하기도 했었다.

한마디로 지금 들으면 말도 안 되고 어처구니 없는 치료법이다. 그리고 이곳에서 파는 약재들은 현대 의학으로 봤을 때 그다지 환자의 질병을 치료하는 적합한 처방으로 보기는 어려운 것들이었다. 오히려 약국이 아닌 그냥 가정집에서 사용하는 민간요법이 더 효능이 뛰어났었다.

이스라엘 사람들은 꿀과 무화과 대추야자 열매와 같은 당분이 많이 들어간 과일들을 주로 먹었다. 그러다 보니 치아가 손상이 되는 경우가 많았고 치아에 난 구멍을 떼우거나 의치를 하는 경우가 많았다. 이때 치아의 통증을 멈추기 위해서 마늘을 주로 이용했었고 잇몸이 쑤시면 소금으로 잇몸을 문질렀었다. 심지어는 틀니를 만들어 사용하는 경우도 있었는데 이 틀니는 주로 나무나 돌 그리고 금과 은으로 만들기도 했었다.

그리고 귀구라는 매자나뭇과의 여러해 살이 풀이 있었는데 바로 이 풀의 뿌리가 설사로 고생할 때 주로 많이 사용되었다고 한다. 디모데는 위에 가스가 고여 있는 고창이라는 병으로 고생을 많이 했다고 하는데 이때 바울이 약간의 술을 마셔 보라고 이야기 하기도 했었다.

이렇듯 예수님 당시의 의학 기술이 할례 의식이나 두개골 수술과 같은 크고 작은 치료 행위도 있었지만 또 그에 못지않게 미신적인 요소가 다분히 들어있는 웃지 못할 치료법도 있었던 것이다. 그리고 조상 대대로부터 내려오는 민간요법 등으로 병을 치료하기도 했었다.

하지만 어쨌든 현대 문명의 발달과 그에 따른 환경오염 등으로 새로운 병을 앓고 있는 현대인들도 많이 있지만 오염이 덜 되었을 그 당시에도 그 나름대로의 또 다른 질병으로 고생하는 사람들도 참 많았었다는 것을 알 수가 있는 일이다.

예루살렘의 밤을 밝혔던 등잔
지붕에 난 구멍
2천 년 전의 가로등
아홉 개의 촛불

06

밤은 어떻게 밝혔을까?

이스라엘의 예루살렘을 찾아가 보면 성지
순례 관광객들이 자주 찾아가는 길목의
상점에는 진흙으로 만들어진 등잔을 팔고
있는 것을 자주 볼 수 있다.

35.
예루살렘의 밤을 밝혔던 등잔

필자가 이스라엘을 처음 방문했을 당시 예수님이 살던 땅을 처음 밟는다는 사실이 얼마나 나를 흥분하게 했었는지 모른다. 서울을 출발한 비행기가 열두 시간의 오랜 비행 끝에 드디어 이스라엘의 텔아비브 시내 바로 위를 날고 있을 때는 새벽 한 시경이었다.

캄캄한 어둠 속에서 저 멀리 텔아비브 시내의 건물과 도로의 조명 등이 제 눈에 들어오기 시작했을 때는 정말 어찌할 바를 몰랐다. 세계 어느 나라의 거리나 도시에서 나오는 불빛이 서로 다를 바 없을 텐데도 나는 텔아비브 시내의 도로에서 달리던 자동차의 헤드라이트 불빛도 그리고 거리에 세워져 있던 가로등의 불빛마저도 너무 너무 아름답게 느껴졌었다.

지금 이스라엘의 텔아비브는 밤이 따로 없을 정도로 한밤중에도 밝은 조명으로 인해 밝고 환할 뿐만 아니라 크고 높은 건물의 외벽에 설치되어 있는 각종 네온사인과 LED 전광판으로 인해 화려하기 짝이 없다. 그러나 지금으로부터 2천 년 전 전기가 없던 그 시절 이스라엘 사람들은 과연 밤이 되면 어둠을 어떻게 밝혔을까?

현재도 이스라엘의 예루살렘을 찾아가 보면 성지 순례 관광객들이 자주 찾아가는 길목의 상점에는 진흙으로 만들어진 등잔을 팔고 있는 것을 자주 볼 수 있다. 물론 현재 상점에서 팔고 있는 등잔은 크게 두 가지인데 한 가지는 정말 수백 년 전에 각종 고고학적 유물 발굴터에서 발굴된 등잔이다. 이 것은 그냥 보기에도 꽤나 오래된 것처럼 보이며 여기저기 세월의 흔적들이 묻어 있다. 물론 전시해 놓은 방법도 예사롭지 않다. 이런 등잔의 경우 가격 은 그야말로 천차만별이다.

내가 물어본 것의 어떤 것은 우리 돈으로 약 오십만 원 정도 하는 것도 있 었고 또 어떤 것은 약 십만 원 정도 하는 것도 있었다. 그리고 또 한 가지는 상점의 바닥에 놓여있는 상자에 아무렇게나 잔뜩 쌓여있는 등잔인데 나름대 로 근사하게 진열해 놓기도 하지만 그다지 귀하게 취급하지 않는 것처럼 보이

예루살렘의 부잣집에서 발견된 등잔과 항아리

는 것도 있었다. 이것은 과거의 등잔 모양을 그대로 본 따서 요즘 대량 생산해 낸 것들이었다. 소재는 진흙으로 만들어져 있어서 색깔도 누런 황토빛이고 크기는 여자 어른의 주먹 크기만하며 가격도 아주 저렴했다.

그런데 간혹 최근에 만든 아주 값싸고 허름한 등잔을 마치 수백 년 전에 만들어진 것을 최근에 발굴해 낸 것처럼 겉모양을 꾸며놓고 값비싸게 파는 등잔도 있으니 만약에 예루살렘에 가서 등잔을 살 일이 있다면 이런 부분을 잘 살펴보고 구입을 해야 한다.

그런데 이곳에서 볼 수 있는 실제 유적지에서 발굴된 등잔이든 아니면 최근에 대량생산해 내는 등잔이든 그 모양이 거의 비슷하다는 것을 알 수가 있다.

이곳의 등잔은 우리나라의 호롱불과는 그 모양이 좀 다르다. 마치 넙적한 종지 그릇 같이 생겼는데 바닥의 넓고 평평하면서 양옆으로 볼록하게 튀어나와 있으며 윗부분에는 새끼손가락이 하나 들어갈 정도의 작은 구멍이 있고 이 구멍을 통해 올리브 기름을 붓는 것이다.

그리고 옆구리에는 마치 주전자의 물이 나오는 주둥이처럼 생긴 작은 주둥이가 있는데 바로 이곳에 아마로 된 심지를 집어넣어서 불을 붙이는 것이다. 그러나 이 등잔은 비교적 등잔의 역사가 한참 지난 뒤에 개발된 형태로 사실 그 이전의 이스라엘 땅에서 조명은 그다지 발달되지 않았었다.

이 천정에 뚫린 구멍 하나 때문에 한낮에
도 전혀 어둡지가 않으며 따로 조명이 필
요하지 않다.

36.
지붕에 난 구멍

현재 이스라엘의 예루살렘 올드시티에 가보면 놀랍게도 지금으로부터 약
천 년 전에 지은 집들이 있고 그 집에는 아직도 사람들이 살고 있는 경우도
많이 있다.

실제로 필자가 예루살렘에 갈 때마다 자주 이용하는 여관의 경우만 하더
라도 그 여관의 건물이 지금으로부터 약 천 여년 전에 지은 건물이고 그때부
터 지금까지 여관을 해 오고 있는 곳이다.

예루살렘의 올드시티에 있는 이런 집에 가 보면 예수님 당시의 가옥 구조
가 어땠는지도 대충 짐작이 갈 수가 있는데 특이한 것은 이런 집의 경우 반
드시 지붕에 커다란 구멍이 뚫려 있는 것을 볼 수가 있다. 그래서 이 지붕을
통해서 한낮에는 태양빛이 거실과 방안을 환하게 비추고 있다.

4월부터 11월까지는 비가 거의 오지 않는 지역이다 보니 이렇게 지붕이
뚫려 있다고 해서 문제가 될 것은 없다. 비가 오면 그 뚫린 구멍에 널빤지 하

나로 덮어 두기만 하면 빗물이 집안으로 들이치지가 않기 때문에 우기가 되도 큰 문제가 없다.

그런데 이 천정에 뚫린 구멍 하나 때문에 한낮에도 전혀 어둡지가 않으며 따로 조명이 필요하지 않다. 오히려 한낮에는 시원한 바람이 지붕을 통해 들어와 방안은 늘 선선함을 느낄 수 있으며 밤이면 거실이나 방안에서도 밤하늘의 별을 바라 볼 수가 있어서 매우 낭만적이라고 할 수가 있다.

그런가 하면 벽에는 창문이 여러 개 있는데 지금이야 그 창문에 쇠창살로 안전장치를 해 놓기도 하고 또 유리로 막아놓기도 했었지만 지금으로부터 2천

예루살렘의 숙소 지붕. 지붕에 뚫린 구멍으로 빛이 들어와 한낮에도 실내는 환하다

년 전인 예수님 당시에는 이 창문에 유리는 전혀 없었다. 그냥 뻥 뚫린 채로 놔두었다. 방범을 위해서 나뭇가지로 얼기설기 격자 모양으로 막아놓기는 했지만 사실 따지고 보면 이것이 방범에 그다지 큰 역할을 하는 것은 아니었다.

열왕기하 1:2에 보면 아하시야가 창문에 있다가 떨어져 크게 다쳤다는 기록이 있기 때문이다. 오히려 예수님 당시에 대개의 가정집엔 이런 나뭇가지를 설치해 놓은 집이 많지가 않았었다.

그래서 사무엘상 19:12에 보면 "미갈이 다윗을 창에서 달아 내리매 그가 피하여 도망하니라"라고 기록이 되었는데 다윗이 사울왕을 피해서 도망을 갈 때 다윗의 부인이었던 미갈이 자기 남편 다윗을 창문을 통해 급하게 내보냈던 것을 알 수가 있다.

그런가 하면 열왕기하 9:30~33을 보면 "예후가 이스르엘에 오니 이세벨이 눈을 그리고 머리를 꾸미고 창에서 바라보다가 예후가 문에 들어오매 이르되 주인을 죽인 너 시므리여 평안하냐 하니 예후가 얼굴을 들어 창을 향하고 이르되 내 편이 될 자가 누구냐 누구냐 하니 두어 내시가 예후를 내다보는지라 이르되 그를 내려 던지라 하니 내려 던지매 그의 피가 담과 말에게 튀더라 예후가 그의 시체를 밟으니라"라고 기록이 되어 있다.

앞서서 다윗이 창을 통해 급하게 도망을 가고 또 예후의 명령에 따라서 이세벨의 하녀들이 이세벨을 창밖으로 집어 던진 것을 볼 때 그 당시의 창문은 분명히 사람 하나는 충분히 드나들 수 있을 정도의 크기로 볼 수가 있는 것이다.

이런 창문 역시 그 당시의 가정집 실내를 충분히 밝힐 수가 있었다. 물론 이때까지만 해도 창문엔 유리창이 없었고 유리창을 설치하기 시작한 것은 로마시대 이후였다. 이렇듯 지붕에 뚫려 있는 커다란 구멍과 또 벽에 나 있는 창문을 통해 태양빛을 집안으로 끌어 들였던 그 당시에는 낮에 그다지 조명이 필요없었다.

하지만 밤이 되면 얘기가 달라지고 그래서 만들기 시작한 것이 바로 등잔이다. 초창기 이스라엘의 등잔은 현재 예루살렘의 골목길에서 관광객을 대상으로 판매를 하고 있는 등잔과는 그 모양이 달랐다.

그 당시에는 그저 항아리나 질그릇이 깨졌을 경우 그 조각 중에 가운데가 움푹 파여 기름이 고일 수 있을 만한 조각을 이용했었다. 깨진 항아리 조각에 올리브 오일을 담고 한쪽 구석에 아마로 만든 심지를 눕혀서 불을 붙였다. 그러다가 나중엔 깨진 항아리 조각에서 넓은 접시 모양의 질그릇 등잔을 만들게 된다. 역시 사용방법은 깨진 항아리 조각과 비슷한 원리이다. 그러다가 나중에는 앞에서 이미 설명한 바 있는 주먹 만한 등잔이 만들어지게 되는 것이다.

올리브 오일에 아마로 된 심지를 반쯤 담근 다음 그 심지에 불을 붙이면 과연 불의 밝기는 어느 정도일까? 놀라울 정도로 그 빛의 밝기는 방안을 환하게 비추고도 남을 정도이다. 물론 검은 그으름은 많이 피어오른다. 필자도 그 등잔을 몇 개 구입해서 그 속에 올리브 기름을 붓고 불을 붙여 본 적이 있었는데 어두운 방안에서 책을 읽고 사람과 대화를 나누기에는 충분했었다.

등잔에 가득 채운 올리브 기름으로 최소한 이틀밤은 밝힐 수 있을 정도였다고 하니 올리브 기름과 아마 심지의 만남은 조명으로서의 역할을 충분히 감당했다고 볼 수가 있다.

예루살렘에 있는 고고학 박물관에 가보면 여러 형태의 갖가지 등잔이 발굴되어 시대별로 전시되어 있는 것을 볼 수가 있는데 재미있는 것은 예수님 당시의 가정집엔 이 등잔을 탁자 위에 올리기도 했었고 바닥에도 놓았었지만 주로 벽에 많이 설치를 했었다는 것이다.

바닥과 탁자에 올려놓은 등잔은 그다지 안전하지가 않았었다. 누군가가 지나가다 탁자를 건드리거나 바닥에 놓여있던 등잔을 발로 걷어차게 된다면 온통 올리브 오일이 튀기도 했었지만 중요한 것은 화재의 위험이 많았다는 것이다.

2천 년 전 유대인의 가정집 벽에 난 구멍

실제로 기록에 의하면 등잔에 의한 가정집 화재 사건도 꽤 많았던 것을 알수가 있으며 그래서 등잔을 바닥에 놓지 않고 주로 벽면에 설치를 했던 것이다. 벽면에는 바닥으로부터 약 1.5미터의 높이에 등잔을 올려 놓을 수 있는 작은 공간이 있었는데 이곳에 등잔을 올려 놓고 불을 밝혔다. 이것을 한자어로 벽감(壁龕)이라고 한다.

언제 어디서 들짐승들이 나타나 밤길을
걷고 있는 수도사들을 위협했을지 모르는
위험, 그러나 계곡의 벽에 설치되어 있는
벽감의 불빛은 그 들짐승의 공격을 물리
쳐 주기도 했었다.

37.
2천 년 전의 가로등

이스라엘의 유대광야에 가면 와디 퀠트wadi queelt라는 곳이 있다. 끝없이 펼쳐지는 막막한 사막과 광야 그곳엔 눈을 씻고 찾아봐도 풀이나 물이라곤 전혀 없으며 한낮의 뜨거운 태양열로 인해 그곳에서 사람이 산다는 것은 더더욱 상상할 수도 없는 일이다.

그런데 그 곳의 깊은 계곡 속에는 놀랍게도 수백 년 전에 지은 수도원이 은밀하게 숨어 있고 그때부터 지금까지 수도사들이 수도원을 지키며 살아가고 있다. 이곳이 바로 성(聖)조지 모나스트리St. George Monastry인데 이곳을 찾아가기 위해서는 유대광야의 깊은 계곡을 따라 내려가야 한다. 그런데 이 계곡을 따라서 수도원으로 가다 보면 계곡의 한쪽 벽면에 적당한 간격을 두고 벽감이 설치되어 있는 것을 볼 수가 있다.

이미 수백 년 전에 만들어 놓은 벽감, 그곳엔 어두운 밤 계곡을 환하게 밝혔던 등잔에서 피어오른 검은 그을림이 수백 년의 세월을 두고 켜켜이 묻어 있는 것을 볼 수가 있다.

　이곳의 벽감은 한마디로 말해서 그 당시의 가로등이라고 볼 수가 있는 것
이다. 언제 어디서 들짐승들이 나타나 밤길을 걷고 있는 수도사들을 위협했
을지 모르는 위험, 그러나 계곡의 벽에 설치되어 있는 벽감의 불빛은 그 들짐
승의 공격을 물리쳐 주기도 했었다.

　들짐승은 불빛을 두려워하기 때문이다. 그리고 자칫해서 발걸음이 미끄러
지면 천길 낭떠러지로 떨어지게 될지도 모르는 위험한 사막의 계곡길을 안
전하게 밝혀 주기도 했었다. 그 계곡길의 벽감을 따라 다니며 누군가는 분명
히 불을 붙였을 것이며 누군가의 그런 수고와 노력으로 인해 사막의 한복판
에 있는 수도원을 향해 부지런히 발걸음을 옮겼을 것이다.

2천 년 전의 가로등

하늘엔 별들이 마치 밀가루 뿌려 놓은 듯 아름답게 빛을 발하고 있고 또 벽에는 적당한 간격을 두고 환하게 타오르고 있을 등잔불들을 상상해 본다면 그 장면이 얼마나 아름답고 환상적이었을까 하는 생각을 해 보게 된다.

지금도 그곳에 가면 벽을 깨뜨리고 다듬어서 만들어 놓은 수십 개의 벽감을 확인할 수 있고 또 시커먼 그을림도 확인할 수 있다.

하누카는 유대인의 역사 중에서도 성경에 등장하지 않는 신구약 중간사에 해당하는 역사와 그리고 예루살렘의 성전과 깊은 관계가 있다.

38.
아홉 개의 촛불

이스라엘의 예루살렘에 있는 관광객을 위한 기념품 상점에 가면 일곱 개의 촛대 또는 아홉개의 촛대를 많이 볼 수가 있다. 일곱 개의 촛대는 메노라 menorah라고 해서 모세가 광야에서 성막을 만들었을 때 그 안에 설치되었던 촛대이다. 그리고 나중에 솔로몬이 예루살렘에 성전을 만들었을 때도 그 안에 설치되었었다. 메노라는 현재 이스라엘의 문장으로도 사용되고 있다. 그러나 아홉개의 촛대로 이뤄진 하누카Hanukka는 메노라와는 그 모양이 비슷하지만 용도는 분명히 다르다.

그렇다면 하누카는 과연 무엇이며 어느 때 사용하는 것일까?

해마다 12월 초가 되면 미국 뉴욕에 있는 록펠러 센터 빌딩 앞에는 대형 크리스마스 트리가 세워지고 밤하늘을 아름답게 수 놓을 수만 개의 작은 전구들이 점등식을 갖게 된다. 바로 그 점등식 장면을 보기 위해서 수많은 관광객들이 몰려들고 또 그 순간을 전세계의 방송국의 뉴스시간에 소개하기

도 한다. 뉴욕의 록펠러 센터 빌딩 앞에 있는 대형 크리스마스 트리에 불이
들어와야 좀 제대로 된 크리스마스 같은 분위기가 나는 것이다.

그런데 세계적으로도 유명한 이 대형 크리스마스 트리를 아주 못마땅하게
생각하는 사람들이 있다. 바로 뉴욕에 사는 유대인들이다. 유대인들은 예수
그리스도를 메시야로 인정하지 않는 사람들이다 보니까 아기 예수님의 탄생
을 축하하는 크리스마스야 말로 전혀 상관이 없는 사람들이다.

아기 예수가 태어났든 말든 그리고 예수가 갈릴리에서 12제자를 이끌고
다녔든 예수가 십자가를 지고 골고다 언덕까지 올라갔든 말든 아무런 관심
도 상관도 없는 사람들이 유대인들이다.

그러나 12월이 되면 전 세계가 크리스마스 열풍이 분다. 백화점이나 쇼핑
상가에 가도 온통 크리스마스 바겐세일이 시작되고 쇼윈도우나 진열대에는
어김없이 산타클로스가 등장한다.

텔레비전에서도 온통 크리스마스 특집 프로그램이 방송이 되면서 캐롤이

통곡의 벽 앞에 세워진 하누카 촛대

2천 년 전의 이스라엘

울려 퍼진다. 사람들은 크리스마스 카드를 주고받고 또 선물도 준비한다. 온 세상이 온통이 크리스마스 열풍으로 가득하게 된다. 평소엔 교회에 한번 안 나가던 사람도 평소엔 예수님께 기도 한번 안하던 사람들도 이때 만큼은 크리스마스 분위기를 한껏 낸다.

심지어는 수만 개의 신이 있다는 일본에서 조차도 그리고 중국에서 조차도 크리스마스 열풍은 피해가지 않는다. 오히려 이 크리스마스를 잘 이용해서 돈을 많이 벌어들이기도 한다.

그런데 유대인들은 과연 이런 열풍을 어떻게 받아들일까? 그렇다. 유대인들은 의도적으로라도 이 크리스마스 열풍 속에 휩싸이지 않으려고 한다. 그냥 휩싸이지 않는 것 뿐만이 아니라 종교의 자유가 있는 미국 땅에서 예수와 관련된 대형 크리스마스 트리를 세울 수 있도록 허락하는 것은 편파적이라고 주장을 한다.

그래서 그들은 록펠러 센터 빌딩의 대형 크리스마스 트리 옆에 하누카 메노라라고 하는 9개의 초를 꽂을 수 있는 대형 촛대를 세운다. 하누카 메노라는 마치 부채살처럼 생긴 것인데 9개의 촛불을 밝힐 수 있도록 만든 촛대이다.

그리고 많은 사람들이 각 가정의 거실에 크리스마스 트리를 세우듯이 유대인들의 가정에도 역시 9개의 촛대를 갖다놓고 그곳에 불을 붙인다.

그렇다면 예수님이 태어나신 이스라엘은 어떨까? 물론 전세계가 크리스마스 열풍에 휩싸여 있을 때에도 이스라엘에선 전혀 크리스마스 분위기를 느낄 수가 없다. 그 흔한 크리스마스 트리도 없고 절대로 캐롤도 들려 나오지 않는다.

백화점에선 크리스마스 바겐세일도 없고 크리스마스 선물도 주고 받지 않는다. 전혀 크리스마스 분위기가 나지 않는다. 하지만 다른 게 있다. 미국 뉴욕에 있는 록펠러 센터의 빌딩 앞에 세워진 대형 9개의 촛대와 똑같은 모양의 촛대가 예루살렘 거리 곳곳에 세워진다는 것이다.

예루살렘 거리의 가로등 마다 예쁜 네온사인으로 만들어진 하누카 메노라의 장식품이 매달려 있어서 밤이 되면 반짝거리며 불을 밝히는데 그 모양이 정말 아름답기 이를데 없다.

그리고 거리의 상가나 백화점에서도 역시 이 하누카 메노라 모양의 장식품들이 여기 저기 진열되어 있다. 예루살렘의 올드시티 안에 있는 통곡의 벽같은 유대교의 성스러운 장소에도 물론 대형 하누카 메노라가 세워져 있다. 또 야외에서 벌어지는 대중 가수들의 콘서트장에 가도 무대 중앙에 대형 하누카 메노라를 세워 놓는다.

거리에 있는 하누카 메노라를 판매하는 가게에 가 보면 그들은 9개의 촛대가 하나로 연결된 단순한 모양으로 수 만가지의 디자인을 해서 만들어 놓은 것을 볼 수가 있다. 어떤 것은 나무로 만들었고 또 어떤 것은 유리로 만들었고 또 어떤 것은 반짝이는 스테인레스나 금과 은으로 만든 것도 있다.

12월 말이 되면 전세계가 크리스마스에 빠져 있을 때 이스라엘은 크리스마스 캐롤 소리를 듣지 않기 위해서 일부로라도 더욱 이 하누카라는 명절을 성대하게 치른다.

그렇다면 하누카란 유대인들에게 어떤 명절일까? 하누카는 유대인의 역사 중에서도 성경에 등장하지 않는 신구약 중간사에 해당하는 역사와 그리고 예루살렘의 성전과 깊은 관계가 있다. 이스라엘의 명절 중에 유월절, 욤키푸르 데이, 부림절 등은 모두 구약 성경에 따른 명절이었고 하나님의 명령에 따르기 위한 명절이었지만 하누카는 성경말씀이 지정한 명절이 아니다. 이스라엘 역사에 가장 칭송을 받을만한 용감한 남자 마카비Maccbee라는 사람에 의해서 하누카라는 명절이 시작된다.

BC 200년 전 이스라엘 땅은 셀룩시드 왕국으로 불리우는 시리아의 지배를 받고 있었다. 대개의 정복자들이 그렇듯이 셀룩시드 왕국의 안티오커스 4세는 이스라엘 역사에서 가장 악독한 지배자라고 불리울 정도였다. 우선 이스라엘 땅에서 유대인, 그리고 유대교의 씨를 모두 뽑아서 없애려고 시도를 했던 것이다. 예루살렘 성전을 모두 부숴 버렸다. 성전에 제사장들의 출입을 막았고 그 신성한 자리에 제우스 신상을 세우면서 돼지를 죽여 피를 뿌렸다.

돼지는 유대인들이 가장 더럽고 추하게 생각하는 동물인데 그 동물의 피를 하나님께 제사드리는 성전에 뿌려 댔으니 유대인들은 정말 기가 막힐 수 밖에 없었다. 뿐만 아니라 모든 유대인들의 유대교 의식을 금지 시켰다. 기도도 못하게 했고 유대인들이 그렇게도 끔찍하게 생각하는 토라와 탈무드를 불살라 버렸다. 살벌한 눈초리로 감시하는 군인들을 피해 깊은 산속으로 들어가서 토라를 읽고 기도를 하다가 발각이 되면 그 자리에서 불을 질러 사람들을 태워 죽였다. 할례를 하다가 걸리면 그 아이를 낳은 엄마와 아기를 함께 죽였다.

셀룩시드 왕국의 안티오커스 4세의 이런 만행은 유대인들로서는 민족적 자긍심은 물론 인간의 기본적 권리마저도 완전히 묵살하고 무시하는 것이나 다름없었다. 심지어는 마차에 싣고 다니는 이동식 제우스 신상을 전국에 갖고 다니면서 유대인들을 한데 모아 그 앞에 절을 하도록 하기까지 했다. 한마디로 하나님을 버리고 제우스 신을 믿으라고 배교를 강요한 것이다. 예루살렘의 성전이 이방 종교의 신과 돼지피로 더럽혀지고 끝내는 이방 종교의 신 앞에 허리를 숙여야 하는 참담한 상황에 처했던 것이다. 예루살렘에서 얼마 떨어지지 않은 모디인Modiin 이라는 마을에 시리아의 군사들이 제우스 신상을 갖고 들이닥쳤다. 그리고는 그 앞에 절을 하라고 마을 주민들에게 강요를 한 것이다. 그러자 서슬퍼런 창과 칼이 무서웠던 몇 명의 유대인이 제우스 신상 앞에 허리를 숙이고 절을 했다.

바로 그때였다. 턱에는 하얀 수염이 더부룩한 유대인 노인이 나섰다. 그리고는 그 살기 가득한 군인들 얼굴에 냅다 소리를 질렀다.

"이 땅의 모든 사람들이 하나님을 버리고 네 놈들이 만들어 놓은 쇳덩어리 앞에 절을 할 지라도 나와 내 아들들은 절대로 하나님과의 약속을 지킬 것이

오." 하면서 그 노인이 옷속에 숨겨 두었던 칼을 꺼내 제우스 신상 앞에 절을 한 유대인을 찔러 죽이고 달려드는 시리아의 군인까지 찔러 죽이고 말았다.

이 노인의 이름은 마타디아Matthathias였고 그의 아들 이름은 마카비였다. 이 시점이 드디어 이스라엘 역사에서 그 유명한 마카비 전쟁이 시작되는 순간이었다.

시리아 군인들을 그 자리에서 칼로 찔러 죽인 마타디아는 일단 그의 아들 마카비와 함께 산속으로 도망을 갔다. 그리고는 시리아의 왕 안티오커스 4세의 압제로부터 도망을 다녀야했던 사람들, 시리아 정권을 몹시도 저주하는 사람들을 끌어 모아서 전투 부대를 만들었다.

계속해서 하나님을 배반하고 말도 안되는 이방신을 섬기며 사느니 차라리 적들의 손에 죽는 한이 있어도 싸우는 것이 더 낫겠다고 생각을 했던 것이다. 그리고 예루살렘으로 반격해 들어가서 이방신과 돼지피로 더럽혀진 성전을 되찾고 깨끗하게 씻어내야 한다고 생각을 했던 것이다.

그렇게 군사들을 끌어 모은 후 시리아 군인들과의 지루하고 처절한 전쟁은 하루도 쉬지 않았다. 정말로 치열하기 짝이 없는 전투였다. 이 전쟁에서 결국 마타디아는 전사를 하게 되고 그의 셋째 아들인 마카비가 독립군의 총사령관이 되어 성전을 되찾기 위한 전쟁은 계속 이어졌다. 하나님의 성전이 이방인들에 의해서 더럽혀진 뒤 3년 후, 드디어 마카비가 이끄는 유대인 독립군들은 예루살렘의 성전을 되찾을 수 있게 되었다.

마카비는 예루살렘의 모리아 산 정상에 세워져 있는 성전 안으로 문을 열고 들어갔다. 정말로 꿈 같은 일이었다. 3년씩이나 하나님께 제사를 드리지 못했던 성전, 그 옛날 다윗왕이 설계하고 솔로몬 왕이 온갖 정성과 노력을 기울이며 완성했던 성전, 그후로 바벨론으로 유대인들이 포로로 끌려갔다가 마침내 페르시아의 고레스 왕으로부터 귀국 허락을 받고 돌아와 스룹바벨을 중심으로 다시 세웠던 그 성전.

그런데 그 성전에 또 다시 지난 3년 동안 들어가지 못하고 이방인들이 더럽혀 놓았던 곳, 마카비가 그 성전 안으로 들어갔을 땐 그야말로 폐허나 다름없었다. 성전의 뜰에는 온갖 잡초가 무성했고 문짝도 떨어져서 덜렁거렸으며 제단은 나뒹굴고 있었고 법궤가 있어야 할 그 자리에는 돼지뼈들이 여기 저기 널부러져 있었다. 그 모습을 본 마카비는 그 자리에 털썩 주저 앉고 통곡을 하지 않을 수 없었다. 하나님의 성전이 이 지경이 되다니⋯ 어떻게 이럴 수가 있을까⋯

마카비는 정신을 차린 후 그의 군사들과 함께 성전을 깨끗이 청소를 했다. 돼지피로 물든 제단을 내다 버리고 새로운 제단을 준비해서 갖다 놓았으며 잡초를 뽑고 문짝도 새로 매달았다. 그리고는 드디어 성전의 중앙에 촛대를 세우고 촛불을 밝혔다. 이제야 하나님의 성전이 다시 제 모습을 완벽하게 갖춘 것이다.

마카비는 이스라엘의 군사들과 함께 성전에 불을 밝히면서 외쳤다.

"이 성전은 다시 하나님께 바쳐질 것이며 하나님이 계시는 거룩한 곳이 될 것이다. 이 성전을 하나님께 바친다. 앞으로 8일 동안은 하나님께 성전을 봉헌하는 축제의 기간으로 삼겠다."

이 날이 성전이 더럽혀진지 3년 째 되는 BC 163년이었고, 날짜는 유대력으로 키스레브월 25일, 서양력으로는 12월 25일이었다. 이렇게 성전을 되찾은 날을 기념하는 날이 바로 하누카이며 이 하누카 기간동안 불을 밝히는 9개의 촛대가 바로 하누카 메노라이다.

그래서 하누카라는 말은 봉헌, 또는 헌납, 바친다는 의미를 갖고 있고 영어로는 Dedication이라고 한다.

07

사랑은 어떻게 했을까?

유대인들의 이런 식의 결혼식 모습은 놀랍게도 지금으로부터 아주 오래전인 예수님 당시의 모습과 그다지 큰 변화가 없다.

39.
유대인의 결혼식

예루살렘을 방문했다가 아주 특이한 장면을 목격했다. 예루살렘의 올드 시티에 가면 예루살렘 성벽 중에 시온문이라는 아주 오래된 문이 있는데 이 문을 통해서 나가면 곧바로 시온산이 나온다고 해서 이름이 시온산이라고 붙여진 것이다.

이 문을 나서면 아주 작은 광장이 나오는데 이 광장에서 수십 명의 이스라엘 남녀들이 서로 손을 잡고 빙글 빙글 돌면서 신나게 춤을 추며 노래를 부르고 있었던 것이다. 이들 곁에는 뿔나팔을 손에 든 나이든 할아버지도 우렁찬 뿔나팔 소리를 내고 있었고 또 어떤 사람은 아코디온과 키타를 치면서 흥을 돋구고 있었다.

그런데 이들이 이렇게 춤을 추며 빙글 빙글 도는 그 가운데에는 네 명의 남자가 각자 길다란 장대를 높이 들었는데 그 장대의 끝에는 커다란 하얀색 천을 마치 지붕처럼 연결해서 받치고 있었다. 그리고 그 하얀천 아래에는 한

쌍의 남녀가 그 밑에서 기쁨에 겨워 어쩔 줄 몰라하며 함께 박수를 치고 노래를 따라 부르고 있었다.

물론 지나가던 관광객들도 이 장면을 목격하고는 마치 아주 재밌는 볼거리를 발견했다는 듯이 그 곁에서 함께 박수를 치고 즐거워하며 연실 카메라의 셔터를 눌러대고 있었다. 이들은 지금 유대인들의 결혼식을 하고 있는 중이었다.

우리나라와는 그 모습이 완연하게 다른 유대인들의 이런 식의 결혼식 모습은 놀랍게도 지금으로부터 아주 오래전인 예수님 당시의 모습과 그다지 큰 변화가 없다. 단지 지금의 유대인들의 복장은 검은색 바지와 하얀색 셔츠를 입었고 또 신부가 하얀색 웨딩드레스를 입었다는 것 외에 그들이 연주하고 있는 악기나 그들이 부르는 노래나 그리고 그들이 행하고 있는 이런 식의 퍼포먼스 모두 예수님 당시와 크게 다를 바 없다.

그렇다면 예수님 당시의 유대인 젊은 남녀들은 어떻게 만나서 사랑을 하고

예루살렘의 거리에서 진행되는 유대인의 결혼식

또 그 사랑이 발전하여 어떻게 약혼식을 했으며 결혼식은 어떻게 했을까? 예수님 당시에는 사회적 지위가 있는 사람은 물론 같은 환경에 처해있는 사람과 결혼할 의향만 있으면 특별한 제한이 있는 것은 아니었다. 그러나 결혼은 신부의 경우 최소한 12살이 넘어야 했고 신랑은 최소한 13살이 넘어야 했다.

유대인의 남자 아이들은 태어난 지 13년이 되면 바르 미츠바Bar Mizzvah라는 성년식을 치러야 한다고 소개했듯이 13살이 되어야 비로소 성년으로 인정을 해 준다. 하지만 아무리 성년식을 치렀다 하더라도 자신의 인생이 중요하게 결정되는 결혼에 대해서 자기가 스스로 판단하고 결정하기에는 나이가 아직 이르다. 그래서 비록 여자의 경우 12살 그리고 남자의 경우 13살부터 결혼을 할 수는 있지만 대개의 유대인들은 결혼할 상대를 스스로 결정하는 경우는 거의 없다. 그 대신 신랑 신부의 부모들이 먼저 인사를 나누고 의논을 통해서 결혼이 결정되는 것이다.

창세기 24:2~9에 보면 아주 재밌는 장면이 나오는데 아브라함이 40세가 된 아들 이삭의 결혼을 위해서 준비했다고 기록되어 있다. "아브라함이 자기 집 모든 소유를 맡은 늙은 종에게 이르되 청하건대 내 허벅지 밑에 네 손을 넣으라 내가 너에게 하늘의 하나님 땅의 하나님이신 여호와를 가리켜 맹세하노니 너는 내가 거주하는 이 지방 가나안 족속의 딸 중에서 내 아들을 위하여 아내를 택하지 말고 내 고향 내 족속에게로 가서 내 아들 이삭을 위하여 아내를 택하라 종이 이르되 여자가 나를 따라 이 땅으로 오려고 하지 아니하거든 내가 주인의 아들을 주인이 나오신 땅으로 인도하여 돌아가리이까 아브라함이 그에게 이르되 내 아들을 그리로 데리고 돌아가지 아니하도록 하라 하늘의 하나님 여호와께서 나를 내 아버지의 집과 내 고향 땅에서 떠나게 하시고 내게 말씀하시며 내게 맹세하여 이르시기를 이땅을 네 씨에게 주리라 하셨으니 그가 그 사자를 너보다 앞서 보내실지라 네가 거기서 내 아들을 위하여 아내를 택할지니라 만일 여자가 너를 따라 오려고 하지 아니하면

나의 이 맹세가 너와 상관이 없나니 오직 내 아들을 데리고 그리로 가지 말지니라 그 종이 이에 그의 주인 아브라함의 허벅지 아래에 손을 넣고 이 일에 대하여 그에게 맹세하였더라"

이렇게 아브라함은 자기의 집에서 일을 하고 있는 늙은 종에게 아들 이삭의 아내를 택해서 데려오라고 부탁을 한다.

그런가 하면 창세기 21:21에 보면 아브라함의 둘째 부인이었던 하갈 역시 자신의 아들 이스마엘을 위하여 애굽 여인과 결혼하게 한다. 아버지 아브라함으로부터 아내를 소개받은 이삭은 아버지 아브라함과 똑같은 방식으로 아

후파를 들고 있는 신랑의 친구식

들 야곱에게도 결혼에 대하여 주문을 하기도 했다.

창세기 28:1에 보면 "이삭이 야곱을 불러 그에게 축복하고 또 당부하여 이르되 너는 가나안 사람의 딸들 중에서 아내를 맞이하지 말고"라고 구체적으로 누구누구와 결혼하지 말라는 충고를 하기도 했다. 그리고 곧이어 2절에서는 "일어나 밧단아람으로 가서 네 외조부 브두엘의 집에 이르러 거기서 네 외삼촌 라반의 딸 중에서 아내를 맞이하라"고 결혼 상대자를 지시하기도 했다.

이렇게 결혼 상대자가 결정이 되면 우선 약혼을 하고 약혼 선물을 건네게 되는데 약혼 선물은 상대방에게만 주는 것이 아니라 상배방의 부모에게도 주는 것이 그 당시의 관례였다.

창세기 34:11~12에 보면 "세겜도 디나의 아버지와 그의 남자 형제들에게 이르되 나로 너희에게 은혜를 입게 하라 너희가 내게 말하는 것은 내가 다 주리니 이 소녀만 내게 주어 아내가 되게 하라 아무리 큰 혼수와 예물을 청할지라도 너희가 내게 말한대로 주리라"라고 기록이 되어 있다.

이렇게 약혼이 정식으로 성립이 되면 그 다음엔 반드시 결혼으로 이어지게 된다. 그러나 신부가 도덕성을 파괴할 때는 간음으로 간주되어 죽음으로 벌을 받게 되기도 했다.

신명기 22:23~29을 보면 이런 구절이 나온다.

"처녀인 여자가 남자와 약혼한 후에 어떤 남자가 그를 성읍 중에서 만나 동침하면 너희는 그들을 둘 다 성읍문으로 끌어내고 그들을 돌로 쳐 죽일 것이니 그 처녀는 성안에 있으면서도 소리 지르지 아니하였음이요 그 남자는 그 이웃의 아내를 욕보였음이라 너는 이 같이 하여 너희 가운데에서 악을 제할지니라 만일 남자가 어떤 약혼한 처녀를 들에서 만나서 강간하였으면 그 강간한 남자만 죽일 것이요 처녀에게는 아무것도 행하지 말 것은 처녀에게는 죽일 죄가 없음이라 이 일은 사람이 일어나 그 이웃을 쳐 죽인 것과 같은 것이라 남자가 처녀를 들에서 만난 까닭에 그 약혼한 처녀가 소리 질러도 구원할 자가 없었음이니라 만일 남자가 약혼하지 아니한 처녀를 만나 그를 붙들고 동침하는 중에 그 두 사람이 발견되면 그 동침한 남자는 그 처녀의 아버지에게 은 오십세겔을 주고 그 처녀를 아내로 삼을 것이라 그가 처녀를 욕보였은즉 평생에 그를 버리지 못하리라"

결혼식을 축하하며 춤을 추는 하객들

정통 유대인들 사이에서는 절대로 결혼을 하지 않으려고 하는 사람은 용납되지 않는다.

40.
결혼하지 않으면
행복도 축복도 없다

탈무드에 보면 결혼을 하지 않은 사람에게는 행복도 축복도 평화도 없다고 한다. 그만큼 유대인들에게 있어서 결혼은 선택의 문제가 아니다. 어쩔 수 없이 일 때문에 또는 학업 때문에 결혼식이 늦어지는 경우는 있어도 일부러 결혼을 피하거나 독신으로 살아가려고 하는 유대인 젊은이는 없다.

물론 최근 들어서 이스라엘의 젊은이들 사이에 결혼하지 않고 혼자 자유롭게 살아가려고 하는 사람은 있어도 정통 유대인들 사이에서는 절대로 결혼을 하지 않으려고 하는 사람은 용납되지 않는다.

유대인이라면 모두가 성인이 된 이후 그러니까 13살 이상이 되면 결혼할 수 있는 자격이 주어진다. 그렇다고 엊그제 성인식을 끝마쳤다고 해서 곧바로 결혼을 하는 사람은 없다.

이스라엘의 젊은이들도 나름대로 공부도 해야 하고 또 남자든 여자든 모두가 군대를 갔다 와야 한다. 게다가 물가가 비싸고 인플레이션이 심한 이스라엘 땅에서 취직을 하든 사업을 하든 사회인으로 자리 잡기에는 아무래도 시간이 걸리기 마련이다.

그래도 어쨌든 사랑하는 사람과의 결혼식 날짜를 잡은 예비 신랑 신부는 주변의 친구와 친지들에게 초청장을 나눠준다. 이것은 우리의 청첩장과 비슷한 개념이다.

그리고 예비 신랑 신부는 결혼식 전날부터 금식을 하게 된다. 결혼식 전날 밤부터 시작한 금식은 다음날 밤까지 이어지는데 그동안 살아오면서 지었던 여러 가지 죄를 하나님 앞에서 회개하고 자숙하는 시간을 갖는다는 의미이다. 이 시간 동안 신랑 신부는 각자 기도와 말씀 읽기를 한다. 결혼식을 통해서 새로운 사람과 함께 새롭게 태어나고 새로운 인생을 살아나가겠다는 것이다.

그렇게 하루를 금식으로 보내고 금식이 끝나는 다음날 밤, 드디어 결혼식이 시작된다. 그래서 이스라엘에선 우리나라에서처럼 토요일 오후나 일요일 오후에 결혼식을 하는 경우가 없다. 모두가 한결 같이 밤 8시 또는 밤 9시 이후에 치러진다.

예루살렘의 올드시티 자파 게이트 건너편에는 예루살렘에서 아주 유명한 결혼식장이 있다. 예루살렘 사람들은 결혼식을 가정집의 앞마당에서 하는 경우도 있고 또 랍비의 서재에서 하는 경우도 있다. 하지만 밤에 시작해서 새벽까지 이어지는 결혼식 동안 악기연주하고 노래하고 춤을 추기 때문에 주변 이웃에게 많은 피해를 주는 게 사실이다.

그래서 요즘은 이렇게 예루살렘 시내 곳곳에 새로 생긴 연회장에서 결혼식을 하는 경우가 많이 있다. 저녁 8시 넘어 올드시티의 자파게이트 쪽으로 나가 보면 건너편 연회장에서 들려오는 악기 연주 소리와 노래 소리들이 시끄럽게 들려오는 것을 볼 수가 있다.

이스라엘 사람들의 결혼식은 말 그대로 축제와 잔치나 다름없다. 한번 결혼식 할 때마다 약 5백명 이상의 하객이 몰리는데 하객들은 결혼식에 초청 받으면 혼자 갈 때는 약 150세켈 우리나라 돈으로 약 5만 원 정도, 그리고 부부가 갈 때에는 약 300세켈 우리나라 돈으로 약 10만원 정도의 축의금을 봉투에 담아 가져 간다. 이런 걸 보면 축의금의 규모는 이스라엘이나 우리나 서로 엇비슷한 것 같다.

그리고 우리나라 결혼식의 경우 하객들은 낮에 시작한 결혼식에 가서 약 30분 정도 진행되는 결혼식을 보고 기념사진을 찍거나 또는 식당에 가서 식사를 하고 헤어지는게 보통이지만 이스라엘 사람들은 결혼식날이 되면 아주 단단히 마음을 먹고 간다.

어차피 밤늦게 시작되는 결혼식인데다가 결혼식이라 봐야 약 15분 만에 간단히 끝낸 다음 그때부터 새벽까지 지치고 힘이 들어서 더 이상 놀기가 어려울 때까지 그들은 노래하고 춤을 춘다. 그래서 결혼식을 축제라고 하고 잔치라고 하는 것이다.

자, 그럼 결혼식장으로 가 보자. 결혼식장 안으로 들어가면 놀랍게도 신부가 하얀 드레스를 입고 그야말로 예쁘게 장식된 의자에 앉아 있다. 신랑 보다 신부가 먼저 입장해 있는 것이다. 신부가 결혼식장의 앞부분에 앉아서 이런 식으로 하객들을 맞이하고 있다. 그럼 신부의 친구들이 신부가 앉아 있는 의자의 주변을 빙글 빙글 돌며 노래하고 춤을 추면서 어서 빨리 신랑이 나오기를 기다리고 있다. 그렇게 약 20분 정도 신부의 친구들이 노래와 춤을 추면 잠시 후 드디어 신랑이 입장을 한다. 그럼 하객들이 일제히 소리를 지르고 박수를 치면서 신랑의 입장을 환영하는 것인데 신랑의 의상은 좀 의외이다.

우리나라의 결혼식장에 가면 누가 특별히 신랑임을 가르쳐 주지 않아도 신랑이 입고 있는 턱시도나 예복만 보더라도 금방 신랑임을 알 수가 있다. 하지만 유대인 신랑의 의상은 그저 검은 바지에 흰색 남방만을 입는다. 그 흔한 넥타이도 매지 않는다. 그냥 보기엔 아주 평범하고 수수하기 이를 데 없다.

조금은 밋밋할 정도이다. 그럼 신랑은 신부에게로 다가가 신부의 얼굴을 가리고 있던 면사포를 들어올리고 신부의 손을 잡고 자리를 옮길 준비를 한다.

　결혼식장 중앙에 있는 후파Huppa로 가는 것이다. 후파는 네 개의 기둥으로 된 천막으로 마치 우리나라의 시골에서 옛날에 운동회 할 때 사용하던 천막과 비슷한 모양이며 후파엔 지붕만 있고 옆면은 모두 트여있다. 그리고 그 네 개의 기둥을 신랑의 친구 네 명이 하나씩 붙잡고 서 있다. 그래서 신랑은 결혼을 앞두고 과연 누가 이 후파의 네 기둥을 붙잡고 서 있어 줄 것인가를 고민하며 친구들에게 부탁을 하기도 하다.

　신랑은 신랑의 부모들에 의해서 후파로 자리를 옮기고 신부 역시 신부의 부모들에 의해서 후파로 자리를 옮긴다. 이제부터 본격적인 결혼식은 이 후파 아래서 진행이 된다.

　옛날에 우리나라에선 딸을 낳으면 오동나무를 심는다고 했었다. 나중에 그 딸이 나이가 들어 시집갈 때 쯤 되면 오동나무는 부쩍 자라 있을 것이고 그 오동나무를 베어서 딸이 시집가서 사용할 옷장을 만들어 주기 위해서였다.

　그러나 유대인들은 아들을 낳으면 삼나무, 딸을 낳으면 소나무를 심었다고 한다. 왜냐하면 아이들이 자라서 나중에 결혼할 나이가 되면 그 삼나무와 소나무도 함께 자라서 후파를 지탱할 나무기둥으로 사용할 수가 있기 때문이다.

　유대인의 결혼식에서 이렇게 후파라는 천막을 치는 이유는 크게 두 가지이다. 예전부터 유대인의 결혼식에서는 될 수 있으면 많은 어린이들이 참석하는 것이 축복된 결혼식이라고 믿는다. 그래서 아이들이 많은 공터나 시장터와 같은 야외에서 진행을 했었다. 그러다 보니 결혼식장에는 늘 사람들이 많았고 북적거렸기 때문에 도대체 신랑 신부가 어느쪽에 있는지 알 수가 없었고 그래서 신랑 신부가 있는 곳을 표시하기 위해서 천막을 설치하는 것이다.

　그리고 또 하나의 이유는 하얀색의 후파는 곧 침상을 의미한다. 그래서 신부가 이 침상밑에서 행해지는 일들을 오랫동안 기억하라고 후파를 치는 것이다.

그 후파 밑에는 랍비가 서 있다. 유대인의 결혼식에서는 반드시 랍비가 있어야 한다. 랍비가 없이는 절대로 결혼식이 이뤄질 수가 없기 때문이다.

후파 아래로 신랑 신부가 자리를 옮기면 이제부턴 모든 하객들이 손에 포도주 잔을 들고 함께 기도를 한다. 물론 대표 기도는 랍비가 한다. 그런 다음 신랑은 신부의 오른쪽 집게손가락에 반지를 끼워 준다. 이 반지를 온전한 반지라는 뜻의 슐라못 반지라고 한다. 이 반지에는 보석도 박혀 있지 않고 그 어떤 장식도 되어 있지 않다. 반지에 장식을 하거나 보석을 새겨 넣으려면 반지의 온전함이 손상이 생기기 때문이다.

반지의 소재는 금이어도 상관없고 은이어도 상관없고 심지어는 구리여도 상관이 없다. 우리 돈으로 최소한 100원 이상의 가치만 있으면 되는 그저 링의 형태이기만 하면 된다. 이 반지를 신부의 손가락에 끼워 줌으로써 신랑과 신부가 하나가 되었다는 것을 의미하게 되는 것이다. 그런 다음 신랑은 결혼 서약문을 읽어 내려간다.

"당신은 모세와 이스라엘의 율법에 따라 이 반지를 취하였으니 이것으로 인해 나의 아내가 되었노라."

그런 다음 쿠투바ketubah라고 하는 결혼 서약서를 크게 읽는데 일종의 계약서나 다름없는 것으로 남편이 신부를 위해서 앞으로 어떤 마음의 자세를 갖고 평생토록 지키며 함께 살 것이라는 것이 적혀 있다. 그리고 만약에 그 약속을 지키지 못하고 이혼을 하게 될 때에는 얼마의 돈을 지불해 주겠다고 액수까지 적혀 있다. 그 액수는 엄청난 금액이다. 이 금액을 적는 것은 물론 이혼을 준비하기 위해서 적는다기 보다는 일종의 상징적인 금액이다.

이혼을 하기 위해서는 이렇게 많은 금액을 신부에게 지불해야 하기 때문에 절대로 이혼을 할 이유가 없다는 것을 반증하는 아주 독특한 문화라고 할 수 있다. 그러니까 쿠투바는 일종의 신부를 위한 보증서와도 같은 효력을 갖고 있다. 그리고 쿠투바에는 신랑이 신부에게 준 예물의 목록도 적혀 있고 그 밑에는 신랑과 신부의 서명도 적혀 있다.

이런 식의 결혼 계약서는 유대인의 각 가정에는 다 하나씩 있다. 그리고 쿠투바를 장롱 깊숙한 곳에 넣는 것이 아니라 잘 보이는 거실 한쪽 벽면에 예쁘게 장식되어 걸리게 된다. 쿠투바는 일종의 미술 작품과도 같은데 맨 위에는 왕관이 그려져 있다. 이것은 현숙한 아내는 남편의 왕관이라는 의미를 담고 있다. 그리고 가정에 따라서는 쿠투바에 예쁜 그림도 그려넣고 결혼식에 참가했던 친구들의 서명도 적혀 있기도 하다. 결혼식에 함께 참석해서 두 사람의 결혼식을 목격했다는 일종의 보증인 서명 같은 것이다. 그리고 잠언 18:22의 말씀인 "아내를 얻은 자는 복을 얻고"와 같은 성경 구절을 적어두기도 한다.

이렇게 많은 내용이 한 장의 종이에 아름답게 장식되어 있는 쿠투바는 유대인 가정에선 서로 누구의 쿠투바가 더 아름다운지 자랑하는 자랑 거리가 되기도 할 정도이다. 결혼 서약서를 읽은 다음 신랑은 아주 특이한 행동을 하는데 포도주 잔을 냅다 땅으로 집어 던진다. 그리고는 신발로 사정없이 짓밟아 포도주 잔을 아주 가루로 만들어 버리고 이때 하객들은 또다시 박수와 환호를 보낸다.

왜 결혼식장에서 멀쩡한 포도주 잔을 집어 던져서 깨뜨려 버리는 것일까? 그것은 한번 깨진 포도주잔이 절대로 다시 원상 복구 될 수 없듯이 한번 맺어진 결혼은 어떠한 경우에도 다시 무효가 될 수 없다는 것을 의미한다. 이렇게 포도주 잔을 깬 다음 신랑 신부의 친구들은 신랑 신부 주변을 일곱 바퀴를 돌며 노래를 부른다. 이것은 이스라엘 백성이 여리고 성을 일곱 바퀴돈 다음 여리고를 점령한 것 처럼 이제부터 신랑은 신부의 처녀성을 점령하라는 의미라고 한다.

이런 과정을 거쳐 그다지 길지 않은 결혼식은 끝나고 그때부터 본격적인 피로연이 시작된다. 흥겹게 연주되는 음악과 그 음악에 맞춰 새벽 동 틀 때

결혼 서약서   유대인들이 결혼식 때 주고받는 결혼 서약서

까지 춤을 추며 즐기는 것이다.

　신랑이 먼저 입장하고 신부를 맞이한 다음 주례 앞에서 주례사를 듣고 혼인 서약을 한 다음 축가를 듣고 하객들 사이로 행진하는 우리의 결혼식과는 역시 많은 차이가 있는 유대인의 결혼식이다.

　우리나라에서는 서양식 결혼 문화가 들어온 뒤로 전통 혼례는 많이 사라졌지만 이스라엘의 결혼식은 고대로부터 내려온 이런 식의 결혼 풍습을 그대로 유지하고 지금도 그렇게 행해지고 있다.

　지금까지 소개한 유대인의 결혼식은 아주 특별한 경우에만 하는 것이 아니라 지금도 이스라엘에서 살고 있는 대다수의 유대인들 그리고 외국에서 살고 있는 수많은 유대인들이 그대로 따라서 행하고 있는 일반적인 결혼 형태라고 할 수 있다.

41.
구약시대의 결혼식

구약시대의 결혼식은 과연 어땠을까?

이스라엘의 첫 번째 왕 사울이 어떻게 해서 왕이 되었고 또 어떻게 이스라엘을 통치하다가 마침내 길보아 산 전투에서 숨지게 되었는지 그 일대기를 자세하게 서술한 〈신의 나라〉(김종철 저)라는 책에 보면 다윗이 사울왕의 딸 미갈과 결혼식을 하는 장면이 비교적 자세하게 소개가 되고 있다.

하얀색 천으로 된 베일로 얼굴을 가린 미갈이 번쩍이는 보석들로 장식된 옷을 입고 방에서 나오자 밖에서 기다리던 많은 여자들이 박수를 치며 노래를 했다.

무화과나무에는 푸른 열매가 익었고 포도나무는 꽃이 피어 향기를 토하네 나의 사랑 나의 어여쁜 자야 일어나서 함께 가자. 양손에 칼을 하나씩 든 여자들이 칼을 흔들며 춤을 추며 앞서 행진을 하자 그 뒤를 여자 하인으로 구성된 들러리가 꽃잎을 뿌리며 따라갔고 미갈은 그 꽃잎을 밟으며 걸어갔다. 사울의 둘째 딸 미갈은 지금 후파라 불리는 결혼식을 위한 천막이 있는 회랑으로 나가는 중이었다. 이 시간 다윗 역시 왕궁안에 있는 자신의 임시 처소에서 머리에 황금색 띠를 두르고 미갈과 마찬가지로 하얀색 천으로 된 베일로 얼굴을 가린 채 나왔다. 신랑과 신부는 결혼식하는 날 서로 베일로 얼굴을 가리다가 신방에 들어가서 마침내 단둘이 있게 되는 순간 베일을 걷어내게 되어 있기 때문이다.

다윗의 뒤에는 양가죽으로 만든 작은 북과 현악기인 키이노 소리가 요란한 탬버린으로 구성된 악사들이 끊이지 않게 연주를 하며 따라갔다. 미갈의 행렬 쪽에서 들리는 여자들의 노래 소리와 다윗의 행렬 쪽에서 들리는 악기의 연주 소리가 점점 가까워지다가 마침내 양쪽의 행렬이 만나자 이번에는 다윗과 미갈이 손을 잡고 어디론가 또 다시 걸어갔다.

두 사람의 앞과 뒤에는 칼춤을 추는 여인 그리고 꽃잎을 뿌리며 노래를 부르는 여인과 요란한 소리를 내며 연주를 하는 연주팀까지 하나가 되어 그야말로 행렬은 꽤나 길어 보였다.

이윽고 이들이 도착한 곳은 며칠전 베들레헴에서 결혼식에 참석하기 위해 올라와 있는 다윗의 형제들과 아버지 이새, 그리고 어머니 나즈밧이 임시로 묵고 있는 숙소였다.

숙소 안에 있던 이들은 이미 신랑 신부의 행렬이 가까이 오자 미리 나와서 기다리고 있었던 것이다. 일행이 멈췄고 연주와 노래도 중단이 되었다. 다윗이 이새와 나즈밧 앞으로 다가갔고 나즈밧은 다윗을 보자 눈물을 흘렸다. 다윗은 어머니가 지금 흘리고 있는 눈물의 의미를 알고 있었다. 이새가 손에 들고 있던 주머니를 아들 다윗의 손에 쥐어 주었다. 모하르였다.

모하르는 결혼에 앞서 신랑이 신부의 부모에게 신부를 데려 오는 대신 그에 해당하는 물건이나 돈을 주는 것이었다. 이때의 금액이나 물건의 종류와 그 양은 신부의 아버지가 정하게 된다. 그러나 나윗은 사울에게 블

레셋 군사의 포경 2백 개를 갖다 받친 뒤였다.

이렇게 다윗은 이미 모하르 문제가 다 해결되었기 때문에 지금 이새가 아들의 손에 쥐어 주는 것은 일종의 형식적인 것이었다. 주머니를 받아 든 다윗은 베일을 살짝 들어 올려 아버지 이새의 볼에 키스를 했다. 그러자 다시 연주팀의 연주와 가무팀의 춤이 시작되었다.

행진을 다시 시작한다는 신호였다. 다윗은 다시 행진을 시작했고 그 뒤를 다윗의 모든 식구들이 따라 붙었다. 행렬이 왕궁안의 회랑에 도착했다. 회랑에는 이미 사울이 제사장과 함께 자리를 잡고 서 있었으며 그 양옆에는 미갈의 오빠인 요나단과 이스보셋 그리고 아브넬 장군과 도엑 등 많은 왕궁식구들이 도열해 서 있었다.

다윗의 행렬 바로 뒤에서 쫓아온 이새가 사울을 보자마자 허리숙여 겸손히 인사를 했다. 하지만 사울은 이새의 인사를 받는 둥 마는 둥 했다. 다윗은 베일 너머로 굳어있는 사울의 그런 표정을 읽고 말았다. 제사장의 기도가 이어졌다.

"하나님이 선택하신 아들 다윗과 그의 앞날을 축복해 주기 위해 준비해 놓으신 미갈, 이 두 사람에게 은총과 자비가 있을지어다"

제사장의 간단한 기도로 회랑에서의 의식은 끝마쳤고 이제 다윗과 미갈은 두 사람만의 공간인 왕궁의 2층에 마련된 신방으로 갈 차례다. 다윗은 사울을 쳐다 보았다. 사울의 표정은 여전히 어두웠다. 아니 온통 불만으로 가득 차 있는 사람처럼 보였으며 금방이라도 두 눈에서 불똥이 떨어질 것 같았다. 다윗은 사울의 그런 눈이 이렇게 무서워 보인 적은 처음인 것 같았다. 다윗은 얼른 사울의 눈에서 피하고 싶었다.

미갈의 손을 잡고 2층으로 향했다. 2층으로 향하는 계단을 올라가는 다윗과 미갈의 뒷모습을 사울은 뚫어져라 쳐다 보았다 그것은 분명 저주의 눈빛이었다.

다윗과 미갈의 결혼식 장면은 이렇게 마무리 되었다. 다윗과 미갈의 결혼식 장면은 구약시대의 결혼식 장면이었지만 신약시대라고 해서 크게 달라진 것은 없었다.

42.
신약시대의 결혼식

예수님께서 공생애를 시작하면서 가장 먼저 기적을 일으키셨던 장소는 가나의 혼인잔치였다. 이 장면은 요한복음 2:1~12까지 아주 자세하게 소개가 되고 있는데 "사흘째 되던 날 갈릴리 가나에 혼례가 있어 예수의 어머니도 거기 계시고 예수와 그 제자들도 혼례에 청함을 받았더니 포도주가 떨어진지라 예수의 어머니가 예수에게 이르되 저들에게 포도주가 없다 하니 예수께서 이르시되 여자여 나와 무슨 상관이 있나이까 내 때가 아직 이르지 아니하였나이다. 그의 어머니가 하인들에게 이르되 너희에게 무슨 말씀을 하시든지 그대로 하라 하니라 거기에 유대인의 정결 예식을 따라 두세 통 드는 돌항아리 여섯이 놓였는지라 예수께서 그들에게 이르시되 항아리에 물을 채우라 하신즉 아귀까지 채우니 이제는 떠서 연회장에게 갖다 주라 하시매 갖다 주었더니 연회장은 물로 된 포도주를 맛보고도 어디서 났는지 알지 못하되 물 떠온 하인들은 알더라 연회장이 신랑을 불러 말하되 사람마다 먼저 좋은 포도주를 내고 취한 후에 낮은 것을 내거늘 그대는 지금까지 좋은 포도주를 두었도다 하니라 예수께서 이 첫 표적을 갈릴리 가나에서 행하여 그의 영광을 나타내시매 제자들이 그를 믿으니라 그후에 예수께서 그 어머니와 형제들과 제자들과 함께 가버나움으로 내려가셨으나 거기에 여러 날 계시지는 아니하시니라"

이 성경구절을 보면 예수님 당시의 결혼식은 우리와 마찬가지로 결혼식에 앞서서 주변의 많은 사람들을 초청하고 함께 축제를 즐겼다는 것을 알 수가 있으며 그때에 나왔던 음료가 바로 포도주였다는 것을 알 수가 있다.

결혼식을 준비하는 혼주의 입장에서는 많은 사람들이 모일 것이라는 것을 예상하고 그에 해당하는 만큼의 포도주를 준비했을 테지만 그럼에도 불구하고 준비했던 포도주가 다 떨어졌다는 것은 초청된 사람들 보다도 훨씬 많은 사람들이 모였다는 것을 알려준다.

이곳에서 예수님은 물을 포도주로 바꾸는 기적을 일으키신 것이다. 결혼식장에 참석한 하객들 중에는 친척들과 이웃 사람들이 있었으며 음식은 가족들이 먹을 수 있을 만큼 만들어졌고 또 하객들 역시 이 음식을 많이 먹어 주는 것이 그 당시 예의였다. 만약에 음식이 남아 있게 된다면 그만큼 결혼식을 준비한 사람의 입장에선 불명예스러운 일이라고 생각을 했던 것이다. 그래서 가나의 혼인 잔치에서 포도주가 떨어졌다는 것은 기뻐할 일이긴 하지만 준비한 사람의 입장에서 역시 비상사태나 다름없었다. 아마도 포도주가 떨어졌다는 소식을 들은 혼주는 혼비백산을 했었을 것이고 이 사태를 어떻게 해결해야 하나 걱정이 앞섰을 것이다. 예수님은 그 혼주의 그런 입장을 단 한 번에 해결해 준 셈이라고 볼 수가 있다.

마태복음 25:1~13을 보면 예수님은 미련한 신부와 지혜로운 신부에 관한 이야기를 하셨는데 이 내용을 자세히 읽어 보면 그 당시의 결혼식이 어떻게 치러졌는지를 짐작해 볼 수가 있다.

"그 때에 천국은 마치 등을 들고 신랑을 맞으러 나간 열 처녀와 같다 하리니 그 중의 다섯은 미련하고 다섯은 슬기 있는 자라 미련한 자들은 등을 가지되 기름을 가지지 아니하고 슬기 있는 자들은 그릇에 기름을 담아 등과 함께 가져갔더니 신랑이 더디 오므로 다 졸며 잘새 밤중에 소리가 나되 보라 신랑이로다 맞으러 나오라 하매 이에 그 처녀들이 다 일어나 등을 준비할새 미련한 자들이 슬기 있는 자들에게 이르되 우리 등불이 꺼져가니 너희 기름을 좀 나눠 달라 하거늘 슬기 있는 자들이 대답하여 이르되 우리와 너희가 쓰기에 다 부족할까 하노니 차라리 파는 자들에게 가서 너희 쓸 것을 사라 하니 그들이 사러 간 사이에 신랑이 오므로 준비하였던 자들은 함께 혼인 잔치에 들어가고 문은 닫힌지라 그 후에 남은 처녀들이 와서 이르되 주여 주여 우리에게 열어 주소서 대답하여 이르되 진실로 너희에게 이르노니 내가 너희를 알지 못하노라 하였느니라 그런즉 깨어 있으라 너희는 그 날과 그 때를 알지 못하느니라"

다윗과 미갈의 결혼식 장면에 대해서 구체적으로 소개를 했을 때에도 역시 다윗이 신랑으로서 아내로 맞이하는 미갈이 있는 곳으로 찾아갔다고 이야기를 했다. 물론 그때 신랑의 앞과 뒤에는 많은 사람들이 악기를 연주하며 춤을 추면서 따라갔었다. 이렇게 멀리서부터 신랑의 등장을 알리는 악기소리와 사람들의 왁자찌껄한 소리를 방안에 있던 신부는 듣고 신랑을 맞이하러 나가게 된다. 다윗의 결혼식이 이랬었는데 예수님 당시의 결혼식도 그런 풍습은 변하지 않았던 것 같다.

예수님이 예화로 드신 결혼식 모습 역시 신부들이 신랑을 맞이하러 나가는 모습이 등장하기 때문이다. 아마도 그 당시 신부들은 신랑을 기다리기 위해 집안에 머물러 있었던 것 같다. 그리고 역시 저 멀리서 신랑과 그의 들러리들이 소리를 내며 노래를 하고 악기를 연주하며 다가오는 소리를 듣고 맞이하러 가야 하는 것이다.

그런데 여기서 아주 흥미로운 것은 도대체 신랑이 언제 올지 신부 측에선 아무도 모른다는 사실이다. 신랑이 신부의 집에 언제쯤 도착하겠다고 미리 이야기를 해 주지 않고 신랑은 친구들과 함께 자신의 집에서 노래를 하며 춤을 추고 즐거운 시간을 보내다가 이때쯤이면 신랑이 신부를 무척이나 보고 싶어 하는 것 같다고 판단이 되면 그제서야 신랑을 앞세워서 신부의 집으로 향하는 것이다. 그러니까 자기의 집에서 신랑이 오기만을 기다리고 있는 신부는 그 시간을 도무지 알 수가 없으며 초저녁이 될 수도 있고 저녁나절이 될 수도 있고 또 한밤중이나 아니면 다음날 새벽에 도착할 수도 있는 것이다.

　그러나 중요한 것은 절대로 밝은 대낮에는 가지 않는 다는 것이다. 반드시 해가 진 이후나 해가 뜨기 바로 전에는 도착을 해야 한다. 그래서 신부는 한밤중에 찾아오게 될 신랑과 그 일행을 맞이하기 위해 등잔불을 준비하고 있어야 하는 것이다. 그런데 만약에 신부가 등잔불을 준비하면서 기름을 양껏 준비하지 않는다면 한밤중이나 다음날 이른 새벽 직전에 신랑과 그 일행이 도착하게 되면 신랑을 맞이할 등잔불이 꺼져 버린다는 것이다.

　예수님은 바로 이런 부분에 대해서 예화를 드셨던 것 같다. 이렇게 멀리서 들려오는 신랑과 그의 일행의 요란한 소리를 듣게 되면 방안에서 기다리고 있던 신부는 등잔불을 들고 문 밖으로 나가게 된다. 물론 이 때에도 신랑의 얼굴엔 베일이 가려져 있고 신부 역시 베일에 가려져 있어서 서로의 얼굴을 보지 못한다. 단지 베일을 쓰고 있는 여인이 내 신부이며 내 신랑이라고 생각을 하게 되는 것이다. 이렇게 문 앞에서 마주하게 된 신랑과 신부는 신랑의 들러리와 신부의 들러리에 둘러싸인 채 잠시 어색한 만남을 갖게 된다. 이때에는 조금전 까지만 해도 온 동네가 떠나가도록 요란스럽게 노래하고 악기를 연주하던 사람들의 목소리가 조용해진다. 물론 악기 소리도 들리지 않게 된다.

　동네는 순간 정적에 휩싸이게 되고 그러다가 드디어 두 사람이 정중하게 허리를 숙여 인사를 하게 되고 신랑이 신부의 손을 잡게 되면 정적은 순식간에 깨져 버리고 또 다시 노래와 악기 소리가 요란하게 울려 퍼진다. 그 소리에 맞춰 신랑과 신부는 신부의 집 앞마당으로 들어가게 되는데 앞마당에는 앞서 설명한 것처럼 후파라는 천막이 설치되어 있다.

천막은 땅바닥에 고정되어 있는 것이 아니다. 하얀색의 천 네 구퉁이에 연결된 길다란 기둥을 네 명의 신랑 친구들이 붙들고 서 있는 것이다. 그 천막 안으로 신랑 신부가 들어가게 되면 그 안에는 랍비가 기다리고 서 있다가 두 사람의 결혼을 축복하는 성경말씀을 읽고 하나님께 기도하는 것으로 결혼식은 진행된다. 그렇게 랍비의 축복기도가 끝나면 신랑은 유리병을 땅바닥에 냅다 집어 던지는 행위를 하는 것이다.

이러한 행위는 앞서 설명했듯이 한번 깨진 유리병은 두번 다시 원상복귀될 수 없는 것처럼 하나님 앞에서 맺어진 두 사람의 결혼은 이 세상의 그 누구도 깨뜨릴 수 없다는 것을 의미하는 것이다.

그렇게 비교적 간단하고 짧은 결혼식이 끝나면 이제부터 결혼식 축하 피로연이 열리게 되는데 이 피로연이 단 몇 시간만에 끝나는 것이 아니다. 그날 밤을 새워가며 음식을 나눠 먹고 노래를 부르며 흥겹게 지내는 것 뿐만이 아니라 심지어는 피로연이 며칠씩 이어지기도 한다. 구약시대에는 그 피로연이 7일이나 진행되었다고 한다.

사사기 14:10~17을 보면 "삼손의 아버지가 여자에게로 내려가매 삼손이 거기서 잔치를 베풀었으니 청년들은 이렇게 행하는 풍속이 있음이더라 무리가 삼손을 보고 삼십 명을 데려와서 친구를 삼아 그와 함께 하게 한지라 삼손이 그들에게 이르되 이제 내가 너희에게 수수께끼를 내리니 잔치하는 이레 동안에 너희가 그것을 풀어 내게 말하면 내가 베옷 삼십 벌과 겉옷 삼십 벌을 너희에게 주리라 그러나 그것을 능히 내게 말하지 못하면 너희가 내게 베옷 삼십 벌과 겉옷 삼십 벌을 줄지니라 하니 그들이 이르되 네가 수수께끼를 내면 우리가 그것을 들으리라 하매 삼손이 그들에게 이르되 먹는 자에게서 먹는 것이 나오고 강한 자에게서 단 것이 나왔느니라 하니라 그들이 사흘이 되도록 수수께끼를 풀지 못하였더라

일곱째 날에 이르러 그들이 삼손의 아내에게 이르되 너는 네 남편을 꾀어 그 수수께끼를 우리에게 알려 달라 하라 그렇지 아니하면 너와 네 아버지의 집을 불사르리라 너희가 우리의 소유를 빼앗고자 하여 우리를 청한 것이 아니냐 그렇지 아니하냐 하니 삼손의 아내가 그의 앞에서 울며 이르되 당신이 나를 미워할 뿐이요 사랑하지 아니하는도다 우리 민족에게 수수께끼를 말하고 그 뜻을 내게 알려 주지 아니하도다 하는지라 삼손이 그에게 이르되 보라 내가 그것을 나의 부모에게도 알려 주지 아니하였거든 어찌 그대에게 알게 하리요 하였으나 칠 일 동안 그들이 잔치할 때 그의 아내가 그 앞에서 울며 그에게 강요함으로 일곱째날에는 그가 그의 아내에게 수수께끼를 알려 주매 그의 아내가 그것을 자기 백성들에게 알려 주었더라"라고 기록이 되어 있다.

피로연을 할 때에도 사람들은 아무 자리에 앉는 것이 아니다. 나이와 신분에 따라서 앉는 자리가 아마도 정해져 있었던 것 같다. 그리고 신랑이 지정해 주는 자리에 앉는 것이 그 당시 피로연의 또 다른 풍습이었던 것이다.

누가복음 14:7~9을 보면 "청함을 받은 사람들이 높은 자리 택함을 보시고 그들에게 비유로 말씀하여 이르시되 네가 누구에게나 혼인 잔치에 청함을 받았을 때에 높은 자리에 앉지 말라 그렇지 않으면 너보다 더 높은 사람이 청함을 받은 경우에 너와 그를 청한 자가 와서 너더러 이 사람에게 자리를 내주라 하리니 그 때에 네가 부끄러워 끝자리로 가게 되리라"라고 기록이 되어 있다.

약간은 미신적인 풍습이기는 하지만 피로연 자리로 신랑과 신부가 찾아와 식탁에 앉게 되면 하객들은 신랑 신부에게 뭔가를 던지기 위해 준비하기 시작한다. 그것은 바로 식탁에 있던 과일을 손에 쥐고 있다가 신랑과 신부에게 던지는 것이다. 물론 세게 던져서 아플 정도로 던지는 것은 아니지만 어쨌든

느닷없이 날아오는 과일을 얼굴과 가슴에 맞게 되는 신랑 신부는 가벼운 탄성을 지른다. 짓궂은 장난을 그만하라는 뜻이다. 그러나 하객들은 연신 신랑 신부에게 과일을 집어 던지는데 이렇게 하객들이 신랑 신부에게 과일을 던지는 이유는 건강하고 귀여운 자녀들을 많이 나으라는 의미이다.

이렇게 하객들의 반가운 환대를 받은 신랑 신부는 곧 이어 신방으로 향하게 된다. 아무리 피로연이 7일씩이나 진행된다 하더라도 신랑 신부는 신방에 들어가서 첫날밤을 보내야 하기 때문이다. 이때 하객들이 신랑 신부에게 어서 신방으로 들어갈 것을 재촉하면 그럼 못 이기는 척 하고 신랑 신부가 신방으로 들어간다. 이때부터 하객들은 잠시 후에 신랑이 뭔가를 들고 나올 것을 기대하며 기다리고 있다.

물론 피로연은 그때에도 계속 진행이 되는 것이다. 신방에 들어갔던 신랑이 잠시후 들고 나와 하객들 앞에 보여주어야 하는 것은 과연 무엇일까? 신부와 첫 관계를 가진 신랑이 손에 들고 나오는 것은 신부가 그 전까지 정결한 몸을 간직했었다는 혈흔이 묻어 있는 침대보를 들고 나오는 것이다. 신랑은 신부의 혈흔이 묻어있는 침대보를 많은 하객들 앞에서 자랑스럽게 높이 처들면 그제서야 하객들은 박수를 치며 환호를 외친다. 그리고 나서 신랑은 하객들과 함께 어울려 함께 음식을 먹고 춤을 추며 밤새도록 즐기는 것이다.

이러한 행위를 하는 것은 우리 정서에는 맞지 않지만 그 당시의 유대인들은 신부에게 있어서 육체적으로 순결한 여인이 신랑을 맞이하는 풍습이 뿌리박혀 있었던 것을 알 수가 있는 것이다.

뿐만 아니라 남편이 죽은 후에 아내가 자신의 몸을 지키고 보호하는 것 또한 중요한 부분이었다. 그래서 신부의 부모들은 딸이 처녀였음을 증명하는 피로 얼룩진 침대보를 간직하는 것이 관례였다.

이러한 이야기도 신명기 22:13~21까지 자세하게 나와 있다.

"누구든지 아내를 맞이하여 그에게 들어간 후에 그를 미워하여 비방거리를 만들어 그에게 누명을 씌워 이르되 내가 이 여자를 맞이하였더니 그와 동침할 때에 그가 처녀임을 보지 못하였노라 하면 그 처녀의 부모가 그 처녀의 처녀인 표를 얻어가지고 그 성문 장로들에게로 가서 처녀의 아버지가 장로들에게 말하기를 내 딸을 이 사람에게 아내로 주었더니 그가 미워하여 비방거리를 만들어 말하기를 내가 네 딸에게서 처녀임을 보지 못하였노라 하나 보라 내 딸의 처녀의 표적이 이것이라 하고 그 부모가 그 자리옷을 그 성읍 장로들 앞에 펼 것이요 그 성읍 장로들은 그 사람을 잡아 때리고 이스라엘 처녀에게 누명을 씌움으로 말미암아 그에게서 은 일백 세겔을 벌금으로 받아 여자의 아버지에게 주고 그 여자는 그 남자가 평생에 버릴 수 없는 아내가 되게 하려니와 그 일이 참되어 그 처녀에게 처녀의 표적이 없거든 그 처녀를 그의 아버지 집 문에서 끌어내고 그 성읍 사람들이 그를 돌로 쳐죽일지니 이는 그가 그의 아버지 집에서 창기의 행동을 하여 이스라엘 중에서 악을 행하였음이라 너는 이와 같이 하여 너희 가운데서 악을 제할지니라”

그런데 만약에 첫날밤에 이런 혈흔이 발견되지 않으면 어떻게 될까? 그때에는 결혼 자체가 무효가 될 수가 있으며 또 신부의 가족들은 끔찍할 정도로 불명예를 안아야 했다. 심한 경우엔 신부를 돌로 쳐서 죽이는 경우도 있었다. 그래서 어떤 신부의 경우엔 만약의 사태를 대비해서 혈흔이 묻어 있는 옷을 미리 준비해 두는 경우도 있었다고 한다.

이렇듯 혼전 순결을 강조했던 그 당시의 상황이다 보니 결혼도 하지 않고 남자와 동침을 한 적도 없었던 마리아에게 아기가 잉태 되었다는 사실은 너무나 엄청난 충격이었을 것이고 또 그런 소식을 듣고도 순순히 결혼을 해 준 요셉의 심정을 우리는 어느 정도 이해를 할 수 가 있을 것이다.

그러나 이러한 결혼식과 7일간 이어지는 피로연은 남자의 첫 번째 결혼 때에만 행했던 것이고 나중에 첩을 얻게 되면 이러한 피로연은 열리지 않았다. 그리고 신부의 집에서만 피로연을 열던 풍습은 세월이 지나면서 신랑의 집에서도 함께 피로연을 여는 것으로 바뀌어 가게 된다.

그렇다면 결혼식이 끝난 후에 과연 신랑 신부는 어디에 신접살림을 차리게 되는 것일까?

창세기 29:28~30을 보면 이런 말씀이 있다. "이를 위하여 칠 일을 채우라 우리가 그도 네게 주리니 네가 또 나를 칠 년 동안 섬길지니라 야곱이 그대로 하여 그 칠 일을 채우매 라반이 딸 라헬도 그에게 아내로 주고 라반이 또 그의 여종 빌하를 그의 딸 라헬에게 주어 시녀가 되게 하매 야곱이 또한 라헬에게로 들어갔고 그가 레아보다 라헬을 더 사랑하여 다시 칠 년동안 라반을 섬겼더라"

여기에서 보듯이 신랑은 신부의 집으로 들어가서 살게 되었다. 신랑은 신부의 집으로 가서 장인과 함께 장인의 일을 도우면서 살아가는 것이 그 당시 관례였던 것이다. 그리고 부부 사이에 낳은 아이들은 전부 아내의 지파 아내의 부족사람이 되는 것이다. 이러한 결혼 풍습을 가리켜서 베에나Beena 혼인이라고 한다.

이렇게 결혼을 한 뒤에 신랑이 신부의 집으로 들어가서 살게 되고 부부 사이에 낳은 자녀들을 아내의 지파와 족속의 계보에 속하게 하는 풍습은 오늘날 유대인들의 모계사회 즉 어머니가 유대인이면 그의 자녀들은 유대인이 되고 비록 아버지가 유대인이라 할지라도 어머니가 유대인이 아니면 그의 자녀들이 유대인이 될 수 없는 그들만의 독특한 문화를 형성하게 된 배경이 된 것이다.

그런데 그때 당시에 절대로 해서는 안 되는 결혼도 있었다. 일종의 금혼제도와도 같은 것이다. 우선은 가족 간의 결혼은 안 되었다. 물론 현대 사회에선 절대로 있을 수도 없는 일이지만 아마도 초기 이스라엘 시대에는 가족간의 결혼도 있었나 보다. 우선은 아브라함도 역시 이복누이인 사라와 결혼을 했었다.

창세기 20:11~12을 보면 "아브라함이 이르되 이곳에서는 하나님을 두려워함이 없으니 내 아내로 말미암아 사람들이 나를 죽일까 생각하였음이요 또 그는 정말로 나의 이복 누이로서 내 아내가 되었음이니라"라고 기록이 되어 있다.

또 출애굽기 6:20을 보면 "아므람은 그들의 아버지의 누이 요게벳을 아내로 맞이하였다"고 했다. 그런가 하면 결혼이라고 할 수는 없지만 다윗의 아들 암논은 자기의 이복동생인 다말을 겁탈하기도 했었다. 그래서 모세는 고모나 이모와의 혼인 그리고 아버지와 딸의 혼인 어머니와 아들의 혼인을 못하게 한 것이다.

레위기 18:7~10을 보면 이런 구절이 있다.

"각 사람은 자기의 살붙이를 가까이 하여 그의 하체를 범하지 말라 나는 여호와니라 네 어머니의 하체는 곧 네 아버지의 하체이니 너는 범하지 말라 그는 네 어머니인즉 너는 그의 하체를 범하지 말지니라 너는 네 아버지의 아내의 하체를 범하지 말라 이는 네 아버지의 하체니라 너는 네 자매 곧 네 아버지의 딸이나 네 어머니의 딸이나 집에서나 다른 곳에서 출생하였음을 막론하고 그들의 하체를 범하지 말지니라 네 손녀나 네 외손녀의 하체를 범하지 말라 이는 네 하체니라"

레위기 18장 그 이후에도 이런 식의 가족간의 결혼을 금하라는 말씀이 계속 이어진다.

그런데 레위기 21:7을 보면 아주 특이한 구절이 있다. 레위기 21장은 주로 제사장이 지켜야 할 규례들이 기록되어 있는데 7절에는 "제사장이 부정한 창녀나 이혼 당한 여인을 취하지 말지니 이는 그가 여호와 하나님께 거룩함이니라" 라고 기록이 되어 있는 것이다.

이렇게 제사장은 과부와의 결혼이 금지되었고 오직 한 여자만을 아내로 맞이하도록 제한을 받은 것이다.

그런가 하면 창세기 29:26에 또 재밌는 구절이 있다. "라반이 이르되 언니보다 아우를 먼저 주는 것은 우리 지방에서 하지 아니하는 바이라" 이 구절은 그 당시 야곱이 라헬과 결혼하기 위해서 외삼촌을 섬겼지만 라반은 라헬의 언니 레아를 아내로 맞이하게 하자 야곱이 라반에게 따지게 된다. 그러자 라반이 하는 말이 자기가 살고 있는 그 지역에선 언니보다 동생이 먼저 결혼을 시키는 일이 없다고 이야기 하는 장면이다. 아무리 언니가 결혼을 안하고 있어도 동생이 먼저 결혼을 하는 경우는 없다는 것이다.

그런가 하면 외국인과 결혼하는 경우도 많이 있었다. 일종의 국제결혼인데 이런 국제결혼은 국가와 민족을 뛰어넘는 애틋한 사랑의 결과로 국제결혼을 한다기 보다는 그때 당시의 정치적 이해관계에 따라서 결혼을 했던 것이다.

우선 에서와 요셉, 모세가 그랬고 또 다윗과 솔로몬, 아합왕 등이 그랬었다. 모세는 이스라엘 백성들이 가나안 땅에 정착한 이후부터는 이스라엘 백성들이 다른 민족과 결혼하는 것을 금지시켰다.

출애굽기 34:15~16을 보면 "너는 삼가 그 땅의 주민과 언약을 세우지 말지니 이는 그들이 모든 신을 음란하게 섬기며 그들의 신들에게 제물을 드리고 너를 청하면 네가 그 제물을 먹을까 함이며 또 네가 그들의 딸들을 네 아들들의 아내로 삼음으로 그들의 딸들이 그들의 신들을 음란하게 섬기며 네 아들에게 그들의 신들을 음란하게 섬기게 할까 함이니라"

그 당시 이스라엘 백성 이외의 다른 민족들은 우상을 만들어 섬기고 제사를 지내는 등의 행위를 많이 했었기 때문에 이렇게 모세가 다른 민족과의 결혼을 제한했던 것은 종교적인 이유가 컸던 것이다.

그러나 다윗은 이 같은 규례를 어기고 밧세바와 결혼을 했다. 그리고 솔로몬은 바로의 딸 외에 이방의 많은 여인을 사랑했는데 모압과 암몬과 에돔과 시돈과 헷 여인들이었다.

모암과 암몬과 에돔은 지금의 요르단 지역이고 헷 여인은 지금의 터키 지역이다. 그런데 신명기에 보면 이스라엘이 전쟁에서 포로로 잡은 다른 민족의 여자들은 사로잡은 사람의 아내가 되는 것이 당연하다고 기록이 되어 있다. 그리고 반대로 이스라엘 백성들이 다른 민족 다른 국가와 전쟁에서 패배하여 포로로 끌려 간 적도 있었다. 다른 나라에 끌려가서 살다가 그 나라의 사람들과 결혼하는 경우도 생기게 된 것이다. 이것은 그 당시 처해진 상황 때문에 어쩔 수 없이 생기는 일이 아닐 수 없다.

그런데 문제는 그렇게 포로 생활을 하다가 가나안 땅으로 다시 돌아왔을 때 고향에 돌아갈 수가 없었다. 그곳에서 살고 있던 원주민들이 내쫓았던 것이다. 그리고 그렇게 외국에서 포로 생활을 하다 돌아온 국제 결혼자들의 아이들은 유대인으로 인정을 해 주지 않았다. 이러한 국제결혼은 여러 상황에서 비난을 받아왔다.

고린도후서 6:14~15을 보면 "너희는 믿지 않는 자와 멍에를 함께 메지 말라 의와 불법이 어찌 함께 하며 빛과 어둠이 어찌 사귀며 그리스도와 벨리알이 어찌 조화되며 믿는 자와 믿지 않는 자가 어찌 상관하며 하나님의 성전과 우상이 어찌 일치가 되리요 우리는 살아 계신 하나님의 성전이라"라고 기록이 되어 있다.

하지만 이스라엘 백성들의 국제결혼은 성경의 역사를 통해 볼 때 계속 이어져 왔다.

43.
이혼의 조건

어느 민족 어느 부족이든지 고대 사회에서의 남편의 권한은 일반적으로 막대했었다. 특히 고령자의 경우는 더 했다. 남편의 말이 곧 법이었고 또 남편의 말이 재판장의 판결문과도 같은 것이었다. 아내를 비롯해서 자녀들 그리고 그 집에서 일을 하던 종들에게는 가장의 말이 곧 권력이었다. 그러다 보니 결혼생활을 하다가 이혼하게 되는 것 또한 남편만이 그 권리를 행사할 수 있는 것이었다. 이 말은 유대인들의 고대 사회에서도 이혼은 남편이 언제든지 맘만 먹으면 쉽게 할 수가 있었다는 얘기이다.

이혼은 구약성경에서도 어느 정도 용인이 되기도 했었다. 신명기 24:1~4을 보면 "사람이 아내를 맞이하여 데려온 후에 그에게 수치되는 일이 있음을 발견하고 그를 기뻐하지 아니하면 이혼 증서를 써서 그의 손에 주고 그를 자기 집에서 내보낼 것이요 그 여자는 그의 집에서 나가서 다른 사람의 아내가 되려니와 그의 둘째 남편도 그를 미워하여 이혼 증서를 써서 그의 손에 주고 그를 자기 집에서 내보냈거나 또는 그를 아내로 맞이한 둘째 남편이 죽었다 하자 그 여자는 이미 몸을 더럽혔은즉 그를 내보낸 전남편이 그를 다시 아내로 맞이하지 말지니 이 일은 여호와 앞에 가증한 것이라 너는 네 하나님 여호와께서 네게 기업으로 주시는 땅을 범죄하게 하지 말지니라" 라고 기록이 되어 있다.

부부가 갈라지는 이야기는 호세아서에도 등장을 한다.

호세아 2:2~4을 보면 "그는 내 아내가 아니요 나는 그의 남편이 아니라 그가 그의 얼굴에서 음란을 제하게 하고 그 유방 사이에서 음행을 제하게 하라 그렇지 아니하면 내가 그를 벌거벗겨서 그 나던 날과 같게 할 것이요 그로 광야 같이 되게 하며 마른 땅같이 되게 하여 목말라 죽게 할 것이며 내가 그의 자녀를 긍휼히 여기지 아니하리니" 라고 기록이 되어 있다.

이럴 때 남자는 아내에게 이혼증서를 발부해 주어야 한다. 유대인의 결혼식에선 반드시 결혼 서약서가 있어야 하며 또 그 서약서를 결혼 후에도 집안의 잘 보이는 곳에 걸어둔다고 설명을 했지만 유대인들은 이혼할 때도 반드시 이혼 증서를 아내에게 전달해 주어야만 한다. 이렇게 유대인들이 결혼식과 이혼할 때에 서약서와 증명서를 전달하고 주고받는 이유는 어떠한 경우에도 모든 계약을 문서에 남겨 두려는 그들만의 독특한 문화가 있기 때문이다.

그래서 아마도 이 세상에서 계약서를 가장 잘 쓰고 계약서를 아주 꼼꼼하게 작성하는 사람들이 바로 유대인들이다. 그래서 만약에 유대인들과 사업을 할 일이 있거나 계약서를 작성해야 하는 일이 생기게 된다면 그들이 작성한 계약서는 몇날 며칠을 두고 꼼꼼히 읽어보고 검토한 뒤에 사인을 하는 것이 좋다. 어쨌든 남편이 아내한테 이혼증서를 주는 이야기는 성경에도 기록이 되어 있다.

신명기 24:1을 보면 "사람이 아내를 맞이하여 데려온 후에 그에게 수치되는 일이 있음을 발견하고 그를 기뻐하지 아니하면 이혼 증서를 써서 그의 손에 주고"라고 기록이 되어 있으며 또 이사야 50:1을 보면 "나 여호와가 이같이 말하노라 내가 너희의 어미를 내보낸 이혼 증서가 어디 있느냐 내가 어느 채주에게 너희를 팔았느냐 보라 너희는 너희의 죄악으로 말미암아 팔렸고 너희의 어미는 너희의 배역함으로 말미암아 내보냄을 받았느니라" 예레미야 3:8에도 "내게 배역한 이스라엘이 간음을 행하였으므로 내가 그를 내쫓고 그에게 이혼서까지 주었으되 그의 반역한 자매 유다가 두려워하지 아니하고 자기도 가서 행음함을 내가 보았노라" 라고 기록이 되어 있다.

남편이 헤어지는 아내한테 이같이 이혼증서를 주어야만 그 이혼증서를 받은 이혼녀들은 다시 다른 남자와 재혼을 할 수가 있었다. 만약에 남편과 헤어지거나 남편에게서 쫓겨난 여인이 이혼증서를 받지 못했다면 그 후에 아무리 다른 남자와 사랑을 하고 재혼을 하려고 해도 이혼증서가 없으면 재혼을 할 수가 없었던 것이다.

그래서 결혼한 뒤에 아내의 부정한 행위를 남편이 발견하여 몹시 분노한 상태에서 아내를 쫓아낼 경우 다른 남자와도 재혼을 하지 못하도록 일부러 이혼증서를 작성해 주지 않는 남자들도 있었으며 여인들은 남편과 이혼할 때 이혼증서를 받기 위해 사정을 해야 하는 경우도 있었던 것이다. 이것이 바로 유대인들의 고대 사회에서 그만큼 남편의 권위가 재판장의 판결문 보다 더한 효력을 갖고 있었다는 것을 반증하는 것이기도 하며 신명기 24장 1절이 바로 이런 상황을 보여 주는 것이다.

고대 유대인들이 아내에게 써 주었던 이혼 증서는 과연 존재하는 것일까? 놀랍게도 최근에 이스라엘의 남부 사막지역인 와디 무랍바아트Wadi Murabba'at의 동굴에서 발견되어 세상 사람들을 깜짝 놀라게도 했다.

이스라엘의 남부 사막지역에 가면 와디라고 하는 골짜기들이 참 많이 있는데 이곳은 비가 한 방울도 내리지 않는 여름철에는 물이 없어 그냥 골짜기로만 존재하지만 비가 내리는 겨울철이 되면 바닥에 스며들지 않은 빗물들이 골짜기로 몰려 큰 강을 이루는 곳을 말한다.

이곳엔 자연적으로 생긴 동굴들이 여기저기에 많이 있는데 이곳 동굴에 양피지로 된 서류들을 보관하기만 한다면 사람의 발길이 닿지 않는 이상 수백 년 수천 년이 지나도 그 형태를 그대로 유지할 수가 있는 것이다.

남부 네게브 사막지역에 있는 쿰란 동굴도 바로 이런 지역적 특성으로 인해 지금으로 부터 2천 년 전에 사람의 손으로 직접 작성한 성경책이 최근에 발굴되어 고고학계를 깜짝 놀라게 한 적도 있었다. 쿰란 동굴의 바로 윗부분엔 엣세네Essene파라고 하는 2천 년 전 예수님 당시의 종교적 집단이 거주하고 있던 집터들이 발견되었고 바로 그 집터 바로 밑에 있는 쿰란 동굴에서 엣세네파들이 작성했던 성경책이 2천 년의 세월이 지난 뒤 약간의 손상만 입은 채 그대로 발굴되었던 것이다.

와디 무랍바아트 동굴에서 발견된 이혼 증서는 쿰란 동굴에서 발견된 성경책 보다도 약 2백 년이 앞선 그러니까 약 2천2백 년 전에 작성한 이혼증서가 그대로 발굴된 것이다. 와디 무랍바아트 동굴은 쿰란 동굴에서부터 남쪽으로 약 16km 떨어진 곳이다. 이로써 고대 이스라엘 사회에서 있었던 이혼증서라는 것이 설로만 존재했던 것이 아니라 분명히 있었다는 것을 증명하는 일이었다.

44.
이혼할 수 없는 경우

아무리 고대 유대인의 사회에서 남편의 권위가 막대하다고 해도 그리고 아내와 이혼할 수 있는 결정권을 남편이 갖고 있다 하더라도 그렇게 쉽게 아무 때나 아무 이유를 대고 이혼할 수는 없는 일이었다. 반드시 그 이유가 아내에게서 발견이 되어야 했다.

그렇다면 남편은 언제 아내와 이혼을 할 수가 있는 것일까?

첫 번째로 아내가 간음을 했거나 명백한 간음의 혐의가 발견되었을 경우인데 이것은 고대 유대인사회나 지금의 우리 현대 사회나 크게 다름이 없는 일이다.

두 번째로 아내가 도의상 예의에 어긋나는 일을 남편에게 했을 경우이다. 이 말은 조금 해석하기에 애매모호한 부분이 있다. 도대체 어떤 일이 아내가 남편에게 도의상 예의에 어긋나는 일을 했다는 것일까?

세 번째로 아내가 개종을 했거나 남편과 그의 부족에서 지켜오는 신앙적 제례의식과 율법을 따르지 않는 경우이다. 고대 부족 사회에서 종교는 그들의 삶을 지배하는 절대적인 것이었는데 유대인들에게 있어서 유대교는 더욱 그랬다. 그런데 만약에 한평생을 같이 살아야 하는 아내가 남편의 종교인 유대교를 믿지 않고 다른 종교를 믿는다는 것은 절대로 용납할 수가 없는 것이었다. 특히 고대 유대사회에서는 국가적인 개념과 국경에 대한 개념이 모호한 시대였기 때문에 다른 민족과 결혼하는 경우도 있었다. 그런데 문제는 다른 민족의 여인이 유대인 남편과 결혼을 하면서 자기 민족의 종교를 그대로 갖고 오는 경우도 간혹 있었다. 이때 남편은 아내에게 남편의 종교를 믿을 것을 권유하고 또 약속을 받아내기도 하지만 간혹 그대로 아내의 종교를 포기하지 않는 경우도 있었던 것인데 이럴 때 이혼사유가 되기도 했었다.

네 번째로 남편이 다른 지역으로 이사를 하고자 할 때 아내가 따라 가지 않겠다고 한다면 그때도 역시 이혼사유가 되었다. 그때 당시에도 이사를 하는 경우가 있었다. 주로 양과 염소를 키우는 유목민들이 풀이 무성한 곳을 찾아서 이동하고 이사하는 경우가 있었고 또 장사를 하는 사람들도 이사를 하는 경우가 있었다. 이때 아내가 함께 이사를 하지 않겠다고 하면 이혼 사유가 되기도 했던 것이다.

그리고 부부간의 은밀한 사생활에 관한 것인데 아내가 특별한 이유 없이 일 년 이상 남편과 잠자리를 하지 않을 경우와 아내가 불치의 병에 걸려서 부부관계를 할 수 없을 때 남편은 아내에게 이혼을 요구했다.

그러나 지금까지 나열한 것은 주로 남편이 아내에게 이혼을 요구할 수 있는 이유에 대해서 설명을 했지만 반대로 아내가 남편에게 이혼을 요구하는 경우도 있었다. 물론 흔한 경우는 아니었지만 아내가 남편에게 이혼을 요구할 수 있을 때는 첫 번째로 남편의 거짓 증언이 있을 때이다.

간혹 남편이 아내와 살기가 지겨워 졌다고 느껴질 때나 또는 남편에게 다른 여자가 생겼을 경우 남편은 아내의 결점을 잡아 이혼을 요구할 경우가 있었다. 다시 말해서 아내가 깨끗한 여인인 줄 알고 결혼했는데 알고 보니까 그렇지 않고 부정한 여인이라며 동네 사람과 주변의 어른들한테 떠들고 다니는 경우도 있었다는 것이다.

그 얘기가 신명기 22:13~21까지 자세하게 나와 있다. "누구든지 아내를 맞이하여 그에게 들어간 후에 그를 미워하여 비방거리를 만들어 그에게 누명을 씌워 이르되 내가 이 여자를 맞이하였더니 그와 동침할 때에 그가 처녀임을 보지 못하였노라 하면 그 처녀의 부모가 그 처녀의 처녀인 표를 얻어가지고 그 성문 장로들에게로 가서 처녀의 아버지가 장로들에게 말하기를 내 딸을 이 사람에게 아내로 주었더니 그가 미워하여 비방거리를 만들어 말하기를 내가 네 딸에게서 처녀임을 보지 못하였노라 하나 보라 내 딸의 처녀의 표적이 이것이라 하고 그 부모가 그 자리옷을 그 성읍 장로들 앞에 펼 것이요 그 성읍 장로들은 그 사람을 잡아 때리고 이스라엘 처녀에게 누명을 씌움으로 말미암아 그에게서 은 일백 세겔을 벌금으로 받아 여자의 아버지에게 주고 그 여자는 그 남자가 평생에 버릴 수 없는 아내가 되게 하려니와 그 일이 참되어 그 처녀에게 처녀의 표적이 없거든 그 처녀를 그의 아버지 집 문에서 끌어내고 그 성읍 사람들이 그를 돌로 쳐 죽일지니 이는 그가 그의 아버지 집에서 창기의 행동을 하여 이스라엘 중에서 악을 행하였음이라 너는 이와 같이 하여 너희 가운데서 악을 제할지니라"

그리고 두 번째로는 남편이 남편으로서의 의무와 역할을 재대로 하지 않았을 때 아내는 남편에게 이혼을 요구할 수 있었다. 남편은 결혼함과 동시에 아내와 자녀들을 위해서 먹고 마시고 잠자고 입을 옷에 대한 책임을 지고 경제활동을 해야 한다. 아무리 아내가 남편의 일을 도와 경제활동에 참여한다고 하더라도 그럼에도 불구하고 남편이 도무지 일을 하지 않아서 아내와 자녀들의 끼니를 해결해 주지 않는다면 이때에도 아내는 남편에게 이혼을 요구할 수가 있었던 것이다. 남편의 권위가 집안에서 높다하더라도 권위만 앞세우고 제 할일을 다 하지 못한다면 유대인의 아내들도 남편에게 이혼을 요구할 수가 있었던 것이다.

세 번째의 경우는 아주 특이한 것인데 남편과 결혼한 뒤에 10년 동안 어떠한 이유에서간에 아내에게서 아기가 태어나지 않게 되면 그 잘못을 남자에게 전가하면서 이혼을 요청할 수가 있었다.

그리고 네 번째의 경우는 결혼한 뒤에 남편의 몸에서 치유할 수 없는 흠이 발견되거나 병이 발견되면 이혼을 요구할 수가 있었다. 그렇다고 해서 대수롭지 않은 흠이나 질병이 아니고 그 당시에 창궐하던 나병과 같은 전염성이 강한 질병이었다.

그리고 또 한 가지 재미있는 것은 결혼하기 전까지는 남편의 직업이 뭔지 잘 몰랐었는데 나중에 결혼한 뒤에 알고 보니 남편의 직업이 인분을 퍼나르는 일이거나 개똥을 치우는 등 가축 분뇨를 치우는 일을 해서 온몸에서 역겨운 냄새가 나는 직업을 갖고 있는 것으로 밝혀질 경우에도 아내는 남편에게 이혼을 요구할 수가 있었다.

자신이 하고 있는 직업에 대해서 안 그래도 서러운데 아내에게서 이혼을 요구 받게 된다면 그 남자의 심정은 오죽할까? 그만큼 그 당시 유대인 여자들에게도 나름대로의 권리가 있었다는 것을 증명하는 것이다.

남편에게 이혼을 요구할 수 있는 경우는 이것 말고도 더 있다.

우선 남편이 아내에게 신체적인 위협을 하거나 폭력을 휘두를 때 남편에게 이혼을 요구할 수가 있었으며 남편이 부인 몰래 다른 여자와 또 다른 결혼을 하거나 첩을 두어서 원래의 부인이 도저히 용납할 수 없는 성적으로 부도덕한 행위를 했고 그것이 알려졌을 경우엔 아내가 남편에게 이혼을 요구할 수가 있었다. 이런 것들은 오늘날 우리의 현대사회와 그다지 큰 차이가 없다.

그런데 또 한 가지 아주 재밌는 이혼 요구 사유가 있다. 그것은 남편이 범죄를 저질러서 그 동네에서 살 수가 없고 다른 곳으로 이사를 가야만 하는 경우 아내는 남편과 따라가고 싶지 않을 때 남편에게 이혼을 요구할 수가 있었다.

그러나 예수님은 이혼에 대해서 마태복음 19:1~12에 이르기까지 분명하게 말씀하셨다. "예수께서 이 말씀을 마치시고 갈릴리를 떠나 요단 강 건너 유대 지경에 이르시니 큰 무리가 따르거늘 예수께서 거기서 그들의 병을 고치시더라 바리새인들이 예수께 나아와 그를 시험하여 이르되 사람이 어떤 이유가 있으면 그 아내를 버리는 것이 옳으니이까 예수께서 대답하여 이르시되 사람을 지으신 이가 본래 그들을 남자와 여자로 지으시고 말씀하시기를 그러므로 사람이 그 부모를 떠나서 아내에게 합하여 그 둘이 한 몸이 될지니라 하신 것을 읽지 못하였느냐 그런즉 이제 둘이 아니요 한 몸이니 그러므로 하나님이 짝지어 주신 것을 사람이 나누지 못할지니라 하시니 여짜오되 그러면 어찌하여 모세는 이혼 증서를 주어서 버리라 명하였나이까 예수께서 이르시되 모세가 너희 마음의 완악함 때문에 아내 버림을 허락하였거니와 본래는 그렇지 아니하니라 내가 너희에게 말하노니 누구든지 음행한 이유 외에 아내를 버리고 다른 데 장가드는 자는 간음함이니라 제자들이 이르되 만일 사람이 아내에게 이같이 할진대 장가 들지 않는 것이 좋겠나이다 예수 께서 이르시되 사람마다 이 말을 받지 못하고 오직 타고난 자라야 할지니라 어머니의 태로부터 된 고자도 있고 사람이 만든 고자도 있고 천국을 위하여 스스로 된 고자도 있도다 이 말을 받을 만한 자는 받을지어다."

45.
시동생과의 결혼

고대 이스라엘에서는 결혼과 관련해서 아주 특이한 풍습이 있었는데 그 것은 바로 수혼levirate 제도라는 것이다. 수혼嫂婚제도라는 것은 형수나 제수 와 결혼을 하는 제도이다.

물론 남편이 살아있는 상황에서 또 다시 부인이 시동생이나 시형님하 고 결혼을 하는 것이 아니라 남편이 죽은 다음에 시동생이나 시형님과 결 혼을 하는 것이다.

이때에는 분명하게 부인에게 자식이 없어야 이런 수혼도 가능했다. 남편 이 죽고 난 다음에 시동생이나 시형님과 결혼을 하는 이유는 당연히 대를 잇기 위해서 하는 것이다. 그래서 어떤 사람들은 이런 결혼을 계대결혼繼代 結婚이라고도 부르고 또 어떤 사람들은 형제의 인연때문에 행해지는 결혼 이라고 해서 형제연혼兄弟緣婚이라고도 부른다.

성경에서는 창세기 38장과 신명기 25장 그리고 룻기에도 언급이 되고 예수님 시대 때 사두개인들이 예수님을 시험하기 위해서 수혼법을 이용하기도 했었다. 창세기 38장에 보면 가나안 출신이자 유다의 아들인 엘이라는 남자의 아내였던 다말은 남편인 엘이 죽자 엘의 남동생인 오난과 결혼을 하는 장면이 나온다. 그러나 오난은 형의 자손 잇기를 거부하고 아이를 낳으려 하지 않자 이번에는 시아버지인 유다와 동침을 해서 베레스와 세라를 낳게 된다. 물론 베레스는 다윗의 10대조 조상이 되는데 하나님은 다말과 동침하지 않으려는 오난을 벌하여 죽게 하기도 한다.

이러한 이야기는 창세기 38:9~10에 나온다.

"오난이 그 씨가 자기 것이 되지 않을 줄 알므로 형수에게 들어갔을 때에 그의 형에게 씨를 주지 아니하려고 땅에 설정하매 그 일이 여호와가 보시기에 악하므로 여호와께서 그도 죽이시니"

우리의 관념으로는 도저히 이해할 수 없는 일이지만 그 때 당시의 고대 유대인들 사이에서도 대를 잇기 위한 진념이 강했던 지라 남편의 남동생과 결혼을 하기도 하고 또 시아버지와 동침을 하기도 하는 일이 있었던 것이다. 물론 이때 다말은 시아버지와 동침을 하기 위해 자기 스스로를 창녀로 위장해서 시아버지와 동침을 한 것이다.

대를 잇기 위해서 자신을 창녀로 위장하는 것이나 또 창녀와 잠자리를 하려는 시아버지의 행동은 도저히 지금의 우리의 상식으로는 이해할 수 없는 일이지만 계대 결혼 풍습이라는것이 바로 그런 것이었다.

신명기 25:5~10을 보면 이곳엔 수혼제도가 아주 율법으로 정해져 있는 것을 볼 수가 있다. "형제들이 함께 사는데 그 중 하나가 죽고 아들이 없거든 그 죽은 자의 아내는 나가서 타인에게 시집 가지 말 것이요 그의 남편의 형제가 그에게로 들어가서 그를 맞이하여 아내로 삼아 그의 남편의 형제 된 의무를 그에게 다 행할 것이요 그 여인이 낳은 첫아들이 그 죽은 형제의 이름을 잇게 하여 그 이름이 이스라엘 중에서 끊어지지 않게 할 것이니라 그러나 그 사람이 만일 그 형제의 아내 맞이하기를 즐겨하지 아니하면 그 형제의 아내는 그 성문으로 장로들에게로 나아가서 말하기를 내 남편의 형제가 그의 형제의 이름을 이스라엘 중에 잇기를 싫어하여 남편의 형제 된 의무를 내게 행하지 아니하나이다 할 것이요 그 성읍 장로들은 그를 불러다가 말할 것이며 그가 이미 정한 뜻대로 말하기를 내가 그 여자를 맞이하기를 즐겨하지 아니하노라 하면 그의 형제의 아내가 장로들 앞에서 그에게 나아가서 그의 발에서 신을 벗기고 그의 얼굴에 침을 뱉으며 이르기를 그의 형제의 집을 세우기를 즐겨 아니하는 자에게는 이같이 할 것이라 하고 이스라엘 중에서 그의 이름을 신 벗김받은 자의 집이라 부를 것이니라"

남편이 죽게 되면 그 부인은 시동생 중에서 그 서열에 따라 첫 번째 시동생과 결혼을 하게 된다. 그리고 그 시동생이 또 죽게 되면 그 다음 시동생과 결혼을 하게 된다. 이것은 수혼제도에 따라서 의무적인 것이며 아무리 형수가 맘에 들지 않더라도 거부할 수 없는 일이었다.

마태복음 22:24~27을 보면 이런 구절이 있다. "모세가 일렀으되 사람이 만일 자식이 없이 죽으면 그 동생이 그 아내에게 장가 들어 형을 위하여 상속자를 세울지니라 하였나이다 우리 중에 칠 형제가 있었는데 맏이가 장가들었다가 죽어 상속자가 없으므로 그 아내를 그 동생에게 물려 주고 그 둘째와 셋째로 일곱째까지 그렇게 하다가 최후에 그 여자도 죽었나이다"

이 구절은 사두개인들이 예수님께 찾아와 수혼제도에 어떻게 생각하는지 그 의견을 듣기 위해 얘기를 한 것이었다. 창세기에 등장하는 아브라함 역시 백세가 되도록 자식이 없게 되자 아브라함의 아내 사라는 그의 여종 하갈을 남편과 동침하게 해서 결국은 이스마엘이라는 아들을 낳게 된다. 물론 그 뒤에 사라 역시 아브라함과 동침하여 이삭이라는 아들을 낳게 되지만 말이다. 이렇게 대를 잇기 위한 수혼제도는 그 당시의 사회 분위기상 율법보다 더한 권위가 있었다. 결혼을 할 수 있는 시동생마저도 아이 낳기를 거부하거나 시동생들이 모두 죽었을 경우엔 시아버지와 동침을 할 정도였으니까.

이런 수혼제도에 대해서는 대를 잇기 위한 어쩔 수 없는 풍습이라고는 하지만 그 당시 율법학자들 사이에서도 윤리적인 문제 그리고 종교적인 문제를 고민하지 않을 수 없었나 보다. 그래서 사두개파 사람들이 예수님께 찾아와 이 문제에 대해선 어떻게 생각하는지 그 의견을 듣고 싶어했던 것이다.

그러자 예수님은 마태복음 22:29~32까지 그 대답을 주셨다.

"예수께서 대답하여 이르시되 너희가 성경도, 하나님의 능력도 알지 못하는 고로 오해하였도다 부활 때에는 장가도 아니 가고 시집도 아니 가고 하늘에 있는 천사들과 같으니라 죽은 자의 부활을 논할진대 하나님이 너희에게 말씀하신 바 나는 아브라함의 하나님이요 이삭의 하나님이요 야곱의 하나님이로라 하신 것을 읽어 보지 못하였느냐 하나님은 죽은 자의 하나님이 아니요 살아 있는 자의 하나님이시니라"

남편이 죽은 후 시동생과 순서대로 여러차례 결혼할 수 있는 것은 그 당시 여자들만의 특권이었다.

46.
네 명의 아내를 둔 야곱

고대 이스라엘의 사회에서 남자는 여러 여자와 결혼을 할 수가 있었고 그런 풍습은 일반적이었다. 많은 지도자들과 하나님을 믿는 신앙이 깊은 사람들도 여러 명의 아내를 소유했다는 것을 성경을 통해서도 많이 발견할 수가 있다.

성경에서의 일부다처에 관한 최초의 기록은 창세기 4:23에 등장한다.

"라멕이 아내들에게 이르되 아다와 씰라여 내 목소리를 들으라 라멕의 아내들이여 내 말을 들으라 나의 상처로 말미암아 내가 사람을 죽였고 나의 상함으로 말미암아 소년을 죽였도다 가인을 위하여는 벌이 칠십칠 배이리로다 하였다" 여기서 보듯이 라멕은 아다와 씰라라는 두 여인을 아내로 삼았다. 그리고 야곱은 네 명의 아내를 두기도 했었다.

야곱이 형 에서로부터 도망을 나와 만나게 된 여자가 바로 라헬이다. 그런데 첫날밤을 보낸 여자는 라헬이 아니라 레아였다. 나중에 다시 라헬을 아내로 맞이하게 된다. 그러나 라헬은 아기를 낳지 못하고 또 다시 라헬의 몸종인 빌하와 결혼을 하게 되고 이것을 안 레아는 자신의 몸종인 실바를 야곱과 결혼하게 한다. 이렇게 야곱은 모두 네명의 여인과 결혼을 한 셈이다.

다윗 역시 아내가 여러 명이었다. 우선 성경에 그 이름이 기록되어 있는 아내의 이름만 해도 아히노암, 아비가일, 마아가, 학깃, 아비달, 에글라, 밧세바, 미갈이 있었고 그 외에도 수많은 첩들이 따로 또 있었다. 물론 그 많은 아내로부터 여러 명의 자식들이 있었고 첩들로부터 낳은 자식들도 입할, 엘리수아, 엘벨렛, 노가 등 성경에 기록되어 있는 인물들도 한참이나 있다. 다윗의 아들 솔로몬은 그 이름을 일일이 다 열거할 수 없을 만큼의 수많은 후궁들을 거느렸다.

이렇게 남자가 여러 명의 여인을 아내로 맞이하게 되는 이유는 아브라함의 경우에서처럼 자식을 낳기 위한 강력한 의지로 인해 첩을 두거나 여러 명의 여인과 결혼을 하는 것이고 또 다른 이유는 야곱의 경우처럼 사랑을 완성하기 위해 두번 이상 결혼을 하게 되는 것이다. 야곱은 원래 사랑하는 여인 라헬과 결혼하기 원했지만 그 지역의 풍습으로 인해 라헬의 언니와 결혼을 하게 되었고 그것에 불만을 품은 야곱이 또 다시 원래 사랑했던 여인 라헬과 결혼하게 된 것이다.

세 번째로는 다윗과 솔로몬이 그랬던 것처럼 정치적인 이유도 있었다. 주변 국가와 동맹관계를 유지하기 위해서 다른 민족의 여인과 결혼을 했던 것이다. 구약시대에 뿐만 아니라 신약시대에도 이런 일부다처제는 어느 정도 유지가 되었다. 예수님 당시 분봉왕이었던 헤롯 역시 9명의 부인을 두고 있었고 많은 관리자들이 두명 이상의 부인을 두었던 것으로 기록으로 남아있다.

그러나 한 남자가 두명 이상의 부인을 두고 함께 살아간다는 것은 경제적으로 절대로 쉬운 일이 아니다. 그러니까 두명 이상의 부인을 두고 살아가는 사람은 그 당시에 경제적으로 부유한 사람이나 특별한 권력층에 있는 사람만이 할 수 있는 일이지 일부다처를 하고 싶다고 아무나 다 하는 것은 아니었다.

이렇게 권력층에서 행해지고 있었던 일부다처제도는 훗날 종교 지도자들에 의해서 맹공을 받게 된다.